JN086680

新宗教
時代に取り残される
創価学会は復活する!?

Hiromi Shimada
島田裕巳
Kandai Ogawa
小川寛大
著

ビジネス社

はじめに

２０２２年７月８日、参議院議員選挙の応援演説をしていた安倍晋三元首相が奈良市内で狙撃され、命を落とした。これは衝撃的な事件だったが、その後、容疑者が旧統一教会（現・世界平和統一家庭連合）に恨みをもっての犯行だったとされ、そこから安倍元首相と旧統一教会、さらには自民党の議員と教団との関係が取りざたされるようになり、政治と宗教という問題が一気に浮上することとなった。

旧統一教会が政治にどれだけの影響を与えてきたのか、そのことが大きな問題として取り上げられたが、それに伴って創価学会と公明党とのことも改めて問題視されるようになった。公明党は１９９９年に自民党と連立を組んでから、民主党政権の時代を除いて政権与党の座にある。公明党のもっとも有力な支持母体は、日本で最大の新宗教である創価学会である。創価学会は、公明党を通して日本の政治に絶大な影響を与えてきたのではないか。そのことも改めて注目されることとなったのである。

宗教団体の信者がどれだけいるか、その数を明らかにするのは難しい。それぞれの教団が正確な数字を明らかにしていないからである。

私は、大阪商業大学が２０００年から行ってきた「生活と意識についての国際比較調査」という世論調査をもとに、新宗教の信者数を推定する作業を行ってきた。それによれば、旧統一教会の信者数が２万２０００人であるのに対して、創価学会は２１７万人である。これからすれば、創価学会の規模は旧統一教会の１００倍ということになる。創価学会の会員たちの投票行動が公明党を支え、それと連立を組む自民党を支えてきたことは明らかである。当然、政治への影響ということになれば、創価学会が旧統一教会を圧倒していると考えるべきである。

今回の旧統一教会をめぐる騒動が起こるまで、この教団については知らなかったという人も少なくないだろう。30年ほど前に教団が行っている合同結婚式に著名人が参加したことで大きな話題になったが、若い世代ならそれを知らない。だが、創価学会について知らない人はいない。身近に会員がいるという人も少なくないはずだ。創価学会が公明党の最有力の支持母体であることも、周知の事実である。認知度も、創価学会が旧統一教会を圧倒している。

ただし、では創価学会がいかなる宗教なのかとなると、多くの人たちは正確な知識を持ち合わせていない。まして、なぜ創価学会が公明党を結成して政治の世界に進出したのか、その経緯ともともとの動機を知っている人はほとんどいないであろう。創価学会の会員でさえ、若い世代になれば、創価学会が政界へ進出した当時のことを詳しくは知らないはずだ。

私が、新潮新書の一冊として『創価学会』という本を出版したのは２００４年のことである。幸いこの本は10万部を超えるベストセラーになったが、その時期はちょうど、創価学会や公明党について批判的な報道が盛んに行われていた。公明党が政権与党の座につき、その政治的な影響力が注目されていたからである。

ところが、それから20年近くが過ぎ、そうした報道はほとんどなされなくなった。そこにはさまざまな要因があると考えられるが、創価学会の中心にある池田大作氏が２０１０年以降、会員の前にさえ姿を現さなくなったことは大きい。

池田氏は１９７９年に第3代の会長の座を退いた後、創価学会の名誉会長に就任した。現在では創価学会の組織のなかで、名誉会長と呼ばれることはなく、「池田先生」と呼ばれている。そのことも、創価学会の会員ではない一般の人には知られていないことだろう。

池田氏は現在95歳である。外部からその動向をうかがうことはできないが、機関紙である『聖教新聞』には、最近でも池田氏名義の長文の平和についての提言などが掲載されている。果たして池田氏自身が執筆したものなのかどうか、その判断は難しいが、会員でさえ生の声を聞けない状況が続いていることは間違いない。

あるいは、本書において詳しく論じていくように、創価学会の活動のあり方が変わり、会員の数も減って、宗教教団として停滞期に入っていることも、創価学会に関心が向けられなくなった大きな要因である。少なくとも、現在では、創価学会の会員がかつて行っていたような強烈な「折伏（しゃくぶく）」によって信者を増やしているわけではない。それは、一般の人間が創価学会の会員と接触する機会が失われてきたことも意味する。

だが、依然として創価学会の会員は選挙ということになると、さまざまなつてをたどって公明党への投票を呼びかける活動を行っている。公明党は多くの議員を抱えており、国政において与党であるだけではなく、地方議会においてもほとんど与党の座にあり、地方政治に大きな影響を与えていることは間違いない。

立正佼成会やＰＬ教団など、高度経済成長の時代に急拡大した他の新宗教教団が、軒並み大幅に信者を減らしているなかで、創価学会は依然として膨大な数の会員を抱えている。それも、旧統一教会の問題で浮上した信仰２世への継承に、創価学会がかなり成功したからである。創価学会では、信仰２世から３世、さらには４世、５世へと信仰が継承されている。

それぞれの政党には支持母体となる圧力団体が存在する。自民党なら農協や医師会などの業界団体があり、野党なら労働組合がその役割を担っている。ところが、そうした圧力団体も、最近では軒並み力を失ってきている。そのなかで、まとまった票を稼ぎ出し、しかも確実にそれができる創価学会の存在はかえって大きなものになっている。

これは公明党が連立に参加したときにも指摘されたことだが、もし創価学会の支援がなかったとしたら、自民党も政権の座から滑り落ちることになるかもしれない。その点で、政治の世界における創価学会の重要性は、以前より増している可能性がある。

そうした存在感の大きさが、創価学会に対する警戒感を強めている。なかには、宗教法人としての旧統一教会を解散させるなら、創価学会を解散させるべきだと主張する人たちもいる。

宗教団体が政治活動をすること自体には問題がない。実際、創価学会以外の宗教団体でも、既成宗教・新宗教を問わず、選挙になれば特定の政党や議員の支援を行っている。それは、憲法で保証された信教の自由にもとづくものである。

だが、創価学会の場合には、支援している公明党は政権の座にあり、1名ではあるが必ず大臣を出している。副大臣や政務官となれば、現在の第2次岸田改造内閣において、公明党はそれぞれ3名が就任している。創価学会に支援された議員が政府において重要な地位にあるわけだ。そうなると、そこに問題はないのか。それは、やはり憲法で規定された政教分離の原則に反するのではないか。必然的にそうした声が上がってくることになる。

宗教団体についての情報ということになれば、意外とそれを得ることは難しい。活動の実態を、外からうかがい知ることができないからである。しかも、創価学会・公明党となれば、それに関連する出版物は、両者を高く評価するものか、逆に徹底的に批判するものに限られる。中立的な立場から論じた本は、決して多くはない。それも、創価学会・公明党についての正確な知識を得ることを妨げている。

本書の出版に大きな意義があるとすれば、創価学会・公明党を持ち上げるわけでもなければ、貶めるわけでもないところにある。いったい創価学会と公明党の現状はどうなっているのか。そもそも創価学会はどういう宗教で、政治に進出した理由は何なのか。さらには、現在の日本のなかで、創価学会と公明党が果たすべき役割はどういうものなのか。そうした点を詳細に論じた。

特に力を入れて論じたのは、創価学会・公明党がこれからの日本社会において、あるいは国際社会において果たしていくべき役割についてである。それが好ましいものになれば、創価学会の会員以外にも歓迎されるはずだからである。

2023年2月

島田裕巳

創価学会は復活する!?――目次

第1章　令和の創価学会・知られざる苦悩

第2章 お金と活動・創価学会員のキホン

第3章 創価学会と公明党の歴史を辿る

第4章 公明党の影響力はどこまであるのか

第5章 変わる、信仰のあり方

第6章 開かれた宗教として大転換を図れるか

第1章

令和の創価学会・知られざる苦悩

長井秀和氏のかなり鮮明な創価学会批判

小川　今の創価学会の最大の問題点とは何と言っても、カリスマである池田大作名誉会長が２０１０年以降、もう十数年にわたって公の場に姿を現していないということです。創価学会員でもない若い世代の日本人だと、もう「池田大作って誰？」みたいな感じですらありますからね。

創価学会に限りませんが、日本の新宗教団体とは結局、教義がどうこうというより、教祖のカリスマ性で団体を引っ張ってきた部分がすごく大きい。そういう人、つまり池田氏が現実的に姿を見せなくなれば、勢いが衰えるのは当たり前と言えば当たり前なんですけど。

２０２２年12月に行われた東京都西東京市の市議会議員選挙で、お笑い芸人の長井秀和氏――あの「間違いないっ！」というギャグで知られた人ですが――が出馬して当選しました。長井氏の父親は創価学会の結構偉い人で、つまり彼は創価学会２世です（現在では脱会）。

そして、長井氏は別にそれを隠しているわけでもなかった。しかし、その選挙のなかで彼は創価学会のことを悪く言いながら、つまりかなり鮮明な学会批判を展開していたんです。

実はこうした長井氏のようなタイプの「創価学会批判者」は、今まであまり、いそうでいなかったんですよ。

例えば安倍晋三政権の時代に有名だった「反創価学会」の活動家に、野原善正氏という人がいました。もともと非常に熱心な創価学会員だったんですが、「いまの創価学会はおかしい」というメッセージとともに、2019年の参議院議員選挙に、れいわ新選組から出馬した（結果は落選）。

そしてこの野原氏が選挙中に訴えていたことを簡単にまとめると、それは「今の創価学会は池田名誉会長の精神を忘れている」と、まあそういうものだったわけです。

今の創価学会、公明党は、安倍政権の「右翼的」な部分に引きずられて、憲法改正にも肯定的だし、安保法制にも賛成した。これは池田氏の唱えてきた「平和の精神」が忘れ去られているからで、いま仮に池田氏が突然元気になって、また公の場に出てきたら、本来の美しい創価学会、正しい創価学会が復活するはずであると、まあ、そういうことを訴えていた。

だから彼らは「反創価学会」であっても、池田氏に対する尊敬の念というのはすごかったんです。

また、それ以前の時代になると、創価学会のかつての上部団体だった日蓮正宗の立場から学会を批判するというスタンスの人が多かった。その視点から見れば、池田氏とは日蓮正宗を裏切った巨悪、「大謗法」の存在であるというわけです。これはこれで、池田氏を「大きな存在」と見なしていた動きでした。

ところが長井秀和氏になると、確かに2世であること自体は事実なんですが、ずっとお笑い芸人をやってきた人で、ものすごく教義に精通しているとか、池田氏を尊敬しているとか、そういう人では基本的にないわけです。

「池田先生が元気だったら創価学会は正しい姿に戻る」とか、長井氏にそんな発言は一切ないですし、教義的に日蓮正宗からの流れを考えるとか、そういうことも言っていない。ただ単純に、「創価学会というのは変な組織なんですよ」と全面否定しているだけ、というわけです。

創価大学の駅伝活躍は衰退の表れ

小川　繰り返すように、こういう長井氏のような「アンチ創価学会」の人は、今まであまり、いそうでいなかったんです。長井氏はよくも悪くも「池田ノスタルジー」とか、あとは昔の教義の話とかに対して、関心がない。これはいよいよ池田氏の「神通力」みたいなものが切れてきたんだなあと、私は感じます。

はっきり言って、創価学会という集団そのものが、かなりばらけ始めている印象です。いま2世、3世あたりの会員を取材して歩いても、熱心な活動家みたいな人は非常に少ないですよ。

彼らはすでに、池田大作と言われても実際にその肉声に触れたことがない。「池田先生は偉い人」というコンセンサスはあるようですが、それは「織田信長や伊藤博文は偉い人である」みたいな感覚で、熱狂的に尊敬しているとかではない。

逆に、ものすごいアンチ創価学会みたいな人たちも減っている。単純に、組織としての力、熱量みたいなものがなくなっているように感じます。ただまあ、それは立正佼成会や生長の家など、日本の多くの新宗教団体がいま直面している課題ではあるんですが。

島田　最近、創価大学が箱根駅伝で活躍をしていますね。あわや優勝しようというようなところまで来てるわけですけれど。その「駅伝が強くなった」ということが、実は創価学会の衰退と結びついてるのではないかなと、私は考えているんです。

そもそも箱根駅伝というのは、大学を宣伝するための非常に重要な武器です。世間が正月休みのなか、２日間にわたって、もう延々とその大学の名前がテレビ画面に映し出されるわけで。だから各大学はものすごく駅伝に力を入れて、外国人留学生まで呼んで陸上部を強化する。

それで創価大学の場合、最近の箱根駅伝で活躍したメンバーを見てみると、創価高校出身者は毎年１人くらいしかいない。ほかのメンバーは、別の一般の高校から来てるわけです。

もちろん、それだけでは判断しづらいのですが、別に彼らは創価学会員というわけではなく、単に足が速いから創価大学にリクルートされた人たちではなかろうかと、私はそう思うんです。

というのも、創価大学駅伝部のことは聖教新聞でもかなり取り上げられていて、そうした内容をまとめた本なんかも出ているのですが、個々の部員たちの信仰生活について報じた記事が、まったくないんです。

「池田先生のために走った」とか、「苦難に直面したときに、信仰によってまた走れるようになった」とか、そんなエピソードがあるならば、聖教新聞もぜひ載せたいところじゃないかと思うのですが、そうしたことが出てこない。

そう考えると、やはり駅伝の選手のほとんどは、創価学会員では、おそらくないんだろうと思うんです。駅伝というのはチーム競技で、1人の力ではどうにもならない。補欠を入れれば10人以上いなければならないわけです。そういう競技に力を入れるのであれば、創価学会員の学生だけでは成り立たない。そこが本当に、創価学会の衰退の表れのように感じるわけです。

駒澤大学という大学があります。同じく箱根駅伝の強豪校ですが。この駒澤大学は本来、曹洞宗の宗門校です。つまり、曹洞宗のお坊さんを養成するためにつくられた大学だった。実際に駒沢大学に行くと、確かにそういう宗教的な施設があるし、曹洞宗のお寺に生まれた子供たちが通っている。

しかし現在、駒澤大学を宗門の大学だと思って見ている一般の人は、皆無だと思います。

一般のイメージは、駒澤大学は別に宗教とは関係のない、「普通の大学」ですよね。そして創価大学も、今やそういう普通の大学に近づいてるんではないかと。

宗教系の学部や学科が一切ない創価大学

島田 創価大学が創立されたのは、1971年のことです。折しも――後に3章で詳しく説明しますが――創価学会・公明党の言論出版妨害事件が起こった直後なんです。

それまで創価学会は伸びる一方でした。その勢いに乗る形で創価大学が創立されました。ですから創価大学の第1期生あたりは、まさに「これからの創価学会は自分たちが背負わなければならない」みたいな感じで意気軒高だった。

なかには東京大学に合格してるのにそれを蹴って、「池田先生の下で学びたい」と創価大学に入ったとか、そういう人たちまでいたんです。その意味で創価大学というのは、創価学会の内部でエリートになる登竜門だったわけですね。

それで興味深いのは、創価大学には宗教系の学部や学科が一切ないことです。理由のひとつは、創価学会は在家の集団であって、別に僧侶養成を行う必要がなかったからです。

ただ、大学創立のころはまだ創価学会と日蓮正宗は親密な関係にあって、そういう日蓮正宗の教学を学ぶような学部があっても不思議ではなかった。しかし結局、創価大学にはそういう学部はつくられなかった。

なぜそうなったのかという、もうひとつの理由は、もともと創価大学に入ってくる学生は創価学会の信仰を持っているので、あえて宗教教育をする必要がないと、そういうことだったのかなとも思うわけです。

初期の時代の学生はほとんど全員、創価学会員です。職員も創価学会員。ただし教員は、創価学会と関係ない人が多数という状況だった。それが次第に時間が経つにつれて、学生・職員は変わらないんだけれど、教員に関しては創価大学出身とか、創価学会の家に生まれた人とか、そういう人たちが教授になるようになった。そうなってくるとかえって大学が内輪だけの組織になってきています。

しかし、先ほどから話が出ているように、今その創価学会そのものが組織的に衰え始めている。だからそういう意味での生き残り策というものを、創価大学も模索していかなければならない時代になってきていると思うんですね。そのひとつが、外部の血を大幅に入れた駅伝なのかもしれない。創価大学の名を世に知らしめて、それで一般の学生を多く入れたい。そういう方向に創価大学が転換してきたんではないでしょうか。

公明党にしても、傾向としてそういうところがあるように思うんですよ。言論出版妨害事件以前は、創価学会の幹部がその肩書のままで公明党から立候補し、議員になるということが普通に行われていた。

しかし言論出版妨害事件を契機にして、「政教分離」ということを打ち出さないといけなくなったので、そこで方針転換が行われるわけです。公明党から出馬する候補は、ひとまず創価学会の役職から降りて議員だけになるという流れになった。

太田昭宏さんなんかが、その典型ですよね。もともと創価学会で活動していた幹部だったんですが、教団からは離れて国会議員になった。

最近では、その流れがさらに加速している。ようするに、創価学会で活動した経験を持たない人が公明党の議員になっているんです。

例えば今の山口那津男代表は、創価学会で活動した経歴はほとんどないはずです。確かに創価学会の家に生まれて、2世とかそういう立場の人ではあるけれど、創価学会ではそんなに活動していない。東大に行って弁護士になってと、そういう創価学会の外側で生きてきた人です。

そういう人たちが公明党の議員になって、今や代表まで務めているわけですから。よく一般には「公明党と創価学会は一体である」などと言われていますけれど、実状としては相当に離れてきてしまっている。そういう状況が、いまあるのではないですかね。

最近の聖教新聞には「いいニュース」がない

小川　これはいま結構、創価学会の幹部と言っていいような人たちが率直に認めることなんですが、「小川さん、最近の聖教新聞って面白くないでしょう」と、ズバリそんなことを言うんですよ。つまりもう、はっきり言ってしまうと「ニュースがないんですよ」と。

昔だと例えば会員がすごく増えたとか、特に教勢が強くなかったところに新しく会館ができたとか、そういう具体的な「いいニュース」があったわけですが、いまは事実としてそういうことがないから。

あと、本当に以前であれば池田大作氏が海外の要人に会ったとか、どこかの国から勲章をもらったとかの話もあったんですが、彼が公の場に姿を見せなくなったことで、そういうニュースもあまりない。

そういう意味では、さっき話が出た創価大学の駅伝の話題は、学会全体にとって非常に助かるものではあると思うんですが。

ただまあ、公明党の政治の動きというのはニュースになる。

例えばですが、２０１９年に消費税率が10％へ上がったとき、食料品などに限って税率が８％のままになる「軽減税率」が導入されました。これは政権内部で、公明党が強くプッシュして導入が決まったことです。これについて当時、創価学会の機関紙類は盛んに「自分たちの手柄である！」みたいな記事を載せていたんですね。

ほかにも２０２０年、新型コロナウイルスの蔓延にからんだ経済対策として、全国民に10万円の「特別定額給付金」を配る政策が実行されましたが、これも公明党の猛烈なプッシュで実現した政策です。

　また東京都では近年、都議会公明党が小池百合子知事に働きかけて、公立学校へのエアコン設置を推進しているという話もある。そしてこれらのことを、創価学会の機関紙などは実に華々しく報じているわけです。

　それらの政策が「公明党の手柄である」というのは、一応全部事実です。決して嘘をついてるわけではない。だから最近、創価学会の関係者に会うと、「あなたが10万もらえたのは、われわれのお陰なんですよ」みたいなことを、本当に言ってくるんですよ。

　繰り返しますように、それらが彼らの手柄であることは事実です。ただ、彼ら創価学会関係者が最近口にするポジティブな話題とは、本当にそうした政治関係の話ばかりになっているきらいがある。

　正直なところ、「日蓮大聖人のお考えは……」みたいな話を創価学会員から聞く機会は、皆無ではないにしろ、極めて少なくなっている印象があります。

「次の選挙をどうするんだ」みたいな話ばっかり

小川　それは外側へに対する話だけではなくて、内側に向けてもそうであるようなんです。

創価学会に「座談会」という日常的な集まりがあるわけなんですが、宗教的なことよりも、「次の選挙をどうするんだ」みたいな話ばっかりになっていると、これは実に多くの学会員たちから聞きます。地方選なども含めれば、結局1年に1回くらい、選挙というのはありますからね。

それで、これは結構熱心に創価学会員をやってきた高齢の女性に聞いた話なんですが、あるとき地域の幹部に、「もうちょっと仏法のお話をしたい」と言ったそうなんです。するとその幹部が、「それは自分だけが助かればいいという、小乗仏教の考え方だ。公明党を通じて社会をよくするというのが大乗仏教の精神で、座談会で仏法の話をなどと言いだすお前はわかってない」みたいな返事をしてきたと。

その女性は「私、あきれてしまって」と言っていましたが、何だかもう、そういう組織に今の創価学会はなってしまっているらしいんですよ。

これにしてもやはり、もう池田大作氏という宗教的なカリスマがいないことが大きい。何か宗教的な大きい行事をやって、そこで「心が洗われたなあ」と感じられるような、そういう場が創価学会から失われかけているんじゃないかと思う。

そういうことがないから、もう選挙くらいしか、会員みんなでワーッと「がんばろう！」とまとまれる場がない。だから今の創価学会にとって、選挙というのは例大祭みたいなものなんですよ。

選挙をがんばると、実際に数字も出てくるし、やはり応援してる人が当選したら面白い。思想信条とはまた別に、単に「やったぞ！」という、気持のよさがある。

宗教団体とは本来、自分たちの宗教行事の中でそういう「気持ちよさ」を信者に与えないといけないわけなんですが、今の創価学会にはそれができない。だから選挙に傾斜していくという話になってしまう。

別に創価学会以外にも、政治に関わっている宗教団体はたくさんあるわけです。大抵の宗教には「世の中はこうあるべきである」といった規範があって、それを現実社会に反映させようという目的で、政治部門をつくり、活動している。そのこと自体の是非はともかくとして、そういう意味で宗教団体の政治活動というのは、教義と政治が車の両輪なんです。

創価学会も最初はそうでした。それが今ではどうも、「われわれの教義に基づいて世の中をこう変えたい」とかではなくて、単に選挙をやっていないと組織のタガがはまらないんじゃないかと、そんなふうにさえ思えてくるんですよ。

今の創価学会が、日蓮の考え方などを国政に反映させようとか、そんなことを本気で思っている可能性はかなり低いのではないかと思う。「公明党の存在は政教分離の観点から見てどうなのか」という問題提起がよくありますが、そもそも「創価学会の『教』って何なの？」という疑問すら、私には浮かんできます。

創価学会が全体としてそういう状況に陥っている現状では、もう昔みたいに「暴力的な布教をしている」とか、「高額なお金を取り立てる」とか、そんなことはできないし、実際にそういう話もほとんど聞かなくなっています。

葛飾区の区議会議員選挙で公明党が負けた！

島田　いま、特に大都市圏の地方選挙のデータをながめてみると、公明党の得票数というのは4年ごとに10％くらい減るという傾向が、どうも全国的にあるんですね。増えているところもないわけではないんですけれど、やはり大体の地域において、地方選挙での得票数が減っている。

その一番象徴的な出来事が、２０２１年の東京都葛飾区議会議員選挙で、公明党の候補者が１人落ちたことでした。

選挙だから落ちるのは当たり前という考え方もあるかもしれませんが、最近の公明党は「地方議会選挙では完勝」ということを目指していて、つまり立てた候補は全員当選させることを目標にやってきた。それで完勝が達成されると、聖教新聞などに大きく出る。そういう形だったんですね。

当然、葛飾でも完勝を目指していたわけですが、果たすことができなかった。だから機関紙でも扱いが小さくなっていた。

本来、葛飾のあたりは下町ですから、創価学会が非常に強い地域です。そういうところで完勝できなかったという事実は公明党にとって相当なショックで、それ以降、あまり完勝ということを目標に掲げなくなってきているような気もします。

もう選挙で全員を当選させる底力もなくなってきている。だからいま公明党は、選挙に立てる候補者を減らす動きに出ている。数を少なくしたうえで完勝させられるように、かなり絞ってる。ただ、それこそじり貧傾向以外の何ものでもないわけです。

創価学会の中には「仏法は勝負」という考え方がある。あらゆる局面における勝ち負けということに、ずっとこだわってきた。それで、ことあるごとにやたらと「勝つ」と言うわけです。

活動してること自体が勝ち負けなんですね。例えば幹部会を開いたら、それは勝利なんです。何らかの会合を行って、みんなが集まった。これが勝利なんです。実績なんです。

そういうような思考法。そしてその勝利を重ねていくことが重要だということで、中身はあまり問われなかった。「人が集まって会合が行われればそれでいい」という考え方で、そこで具体的にどういうことが行われたかという話は、あまり問われてこなかった。

創価学会のことが語られる際、よく言及されるものに「婦人部」という組織があります。創価学会のさまざまな活動を一番支えてきた人たちで、これは一応、結婚した女性たちで構成されていた。

未婚女性の組織は女子部。そういう分け方をずっとしてきて、結婚すると婦人部に入る。その婦人部は池田大作ファンクラブ的なところがあって、「池田先生のために」ということで、選挙や聖教新聞の配達とか、いろいろな活動を非常に熱心にやってきた。

ところが最近になって、この婦人部が消滅したんです。なくなっちゃった。女子部と合体して、「女性部」という新組織になった。それで聖教新聞には「女性部誕生おめでとう」という記事が出ていたんですが、何がめでたいのか、よくわからない。なぜなら説明が一切ないからです。何のためにそういう組織改革をしたのかという説明が一切なくて、ただ「女性部誕生おめでとう」と。そういう形で報道されてるんですね。

恐らくですが、もう創価学会も組織的退潮が著しく、婦人部と女子部に分かれて活動していても人が昔ほど集まらない。だからこの際、1つにまとめようという話になったのではないかと思うんです。でも、公式にはいったい何のためにそういうことをしたのか、まったく説明がなされない。

カリスマ・池田大作氏は何をしているのか?

島田 こうした創価学会の全体的な退潮について、どこに原因があるのかというと、それはやはり池田大作氏の不在という問題が、一番大きなものであるとは思います。池田氏については、ずっと名誉会長と呼ばれてきましたが、最近では別に名誉会長から降りたというわけではないようですが、創価学会内部ではこの呼称を使わなくなっています。その代わりに「池田先生」と呼ばれています。

もちろん、創価学会の側でも「ポスト池田」というものに関して、それなりに考えていたとは思います。ところがいま、池田氏は95歳。そこまで池田氏が長生きするということを、創価学会の人たちも想定してなかったと思うんです。

本来の想定としては、池田氏に関していわゆるXデーというものが、10年くらい前だったのではないかと思うんです。ところが現実として、今に至るまでそれが来ていない。

池田氏の主著に『新・人間革命』というものがあって、これは池田氏の自伝的な小説であるわけですが、これも２０１８年に全31巻で完結してしまった。池田氏の自伝であるのに現実の池田氏が表に出てこないから、書くネタもないわけなんですね。

今は少なくとも外部からは、「池田大作氏は何をしているのか」ということがまったくわからない。教団の最高指導者がそういう状態であるわけですから、教団そのものの軸がどんどん失われてきている。

『新・人間革命』の完結と同じ２０１８年、創価学会は『グラフＳＧＩ』という機関誌も休刊にしています。名前の通りグラフ雑誌、つまり写真をメインにした媒体だったのですが、ようするに池田氏が活躍してる姿を載せるためのものだったので、存在意義がなくなってしまったんだと思うわけです。

さっきも話が出ましたが、まさにカリスマ・池田氏の不在によって、創価学会の機関紙類は本当に載せるべきネタに困っている。だからといって、ただただ池田氏を賛美することにも限界がある。

それで最近、かなり外部の知識人たちに、創価学会を褒めてもらうような本などの制作に力を入れている。こういう流れで、元外交官の佐藤優氏などが、かなりそうした本を書いてます。ジャーナリストの田原総一朗氏も『創価学会』（毎日新聞出版）という、学会に対して好意的な内容の本を出して、これが12万部売れてるんですね。

この12万部という数字は、昨今の出版不況のなかではそれなりの数字にも見えますが、ただ、創価学会の公称信者数である827万世帯という数字に比べたら、圧倒的に少ない。この12万という数字をどう考えるかは、なかなか面白い問題だとも思います。本当に自覚的に信仰をもって熱心に活動している会員の数を反映しているのかもしれません。

聖地を失ってしまった衝撃

島田 話を戻しますが、要するに現在の創価学会というのは、本当に自分たちから何を発信していけばいいのかということについて、非常に困っているように見えるわけです。

その最大の原因は、繰り返し述べていますように、カリスマ・池田大作氏の不在であるわけですが、もうひとつの問題として、１９９０年代に、それまで密接な関係を持ち、支えてもきた日蓮正宗と訣別してしまったことも大きいと思うんです。やはり、創価学会の信仰の正当性を担保する存在としての日蓮正宗は、かなり重要だった。

日蓮正宗には大石寺（静岡県富士宮市）という総本山があって、そこに本尊が祀られている。これが究極の本尊であるというふうに日蓮正宗では言っていて、その本尊を拝むために、会員が「登山」と言って、全国から静岡県まで参拝に行っていたわけです。

創価学会と日蓮正宗が密接な関係にあった時代には、年間１６０万人くらいが登山をしました。東海道新幹線の新富士駅というのは、そのためにつくられた、みたいな話まであるほどなんです。

ところが、創価学会と日蓮正宗は訣別してしまい、代わりにいま信濃町（東京都新宿区、創価学会の本部所在地）になっているわけですけれど、信濃町を宗教施設と言っていいのか。やはりそういう神聖性というものは、あまりありませんから。

それでさっき言った大石寺の本尊ですが、これを創価学会の2代会長・戸田城聖は、「人を幸福にする装置である」というようなことまで言っていたんですが、今ではその究極の本尊との関係が切れてしまった。

やはり宗教には聖地というものがあって、そこを巡るということが重要なんですね。しかし、今の創価学会にはその聖地がない。これはやはり結構大きいことです。

専業主婦の減少で新宗教の力が衰える

小川　そこにもうひとつ付け加えたいのが、時代の流れという問題です。

先ほど婦人部がなくなったという話が出ましたが、創価学会のみならず、立正佼成会などほかの新宗教団体でも、女性組織というのは非常に重要な存在だったんですよ。やはり、基本的に男性信者はサラリーマンなどをして働いているのであって、月曜日から金曜日までは仕事で家にいないわけです。

ところで宗教団体にとって、例えば教団の創立日や教祖の誕生日などは、重要な記念日です。たいてい本部施設などで、大きな行事を行います。しかし、そういう記念日が毎年、土日や祝日にあたる保証はないわけなんですね。宗教的な記念日なので、週末にずらすというわけにもいかない。

つまり全国の宗教団体はしばしば、平日の真昼間に大勢の信者を施設に集めて、大規模な行事を行う必要性に迫られるわけなんです。そういうときに頼りになるのが女性組織にいる専業主婦たちでした。

政治運動に関しても同じです。ポスター張りとかビラ配りとか、そういう仕事も、男性信者たちは土日にくらいしかやれないわけですが、専業主婦なら平日でもできる。こうして創価学会に限らず、多くの新宗教団体は女性組織を重要視してきた流れがあるわけなんです。

あともうひとつ、日本の家庭では従来、たいてい専業主婦が財布のひもを握ってきたという事実があって、教団としても専業主婦たちを手なずけておけば、寄付などが割と出やすいという話もあった。

ところがご存知のように、社会状況の変化によって、いま専業主婦なる存在が非常に少なくなっているんですよ。特に若年層になると、女性といえども、ほとんどみんなＯＬなどになって働いている。

創価学会の婦人部とは、ありていに言えば専業主婦の軍団だったんですね。だから教団としても評価していたし、力も持っていた。しかし、その肝心の専業主婦がいなくなってしまった。ＯＬでなくとも、パートなり何なり、何らかの形で働く女性ばかりになってきた。

これは私が以前に聞いた話として、こういう「働く女性たちの増加」によって、何か創価学会婦人部の内情が不穏になっていた部分もあったようなんです。

つまり、高齢の専業主婦層たちが、「私たちは専業主婦で、日ごろから何もかも投げうって池田先生のために活動しているのに、若い世代はＯＬをしていて、創価学会の活動に顔を出さない。そんなにお金を稼ぎたいのか。信心が足りないんじゃないのか」みたいなことを、働いている若い女性たちにぶつけるんだと。

これに対して、若い世代としては反論もありますよね。「そういう時代じゃありません」と。婦人部が女子部と合体して女性部になったのには、そんな背景もたぶんあるとは思うんですよ。

ただ、この専業主婦の減少という話は創価学会だけではなくて、新宗教団体はどこでも共通して直面し、困っている問題です。

そもそも立正佼成会や真如苑、生長の家など、割と名の通った宗教団体というのは、おおむね1930年代ごろに立ちあがっています。しかし、その辺りのシステムというのが、もう本当に21世紀になって通じなくなっている。これはもう宗教の話というよりも、時代の変化としか言いようがない。ただまあ、それについていけない教団の硬直性というのはあると思うんですが。

昔ながらの活動ができなくなった

島田 さきほども話に出た、創価学会の日常的な集まりである座談会ですが、これは創価学会が戦前に、「創価教育学会」として創立されたときからあるものです。日蓮正宗の信仰に、いかに価値があるのかということを実験、実証するための集まりとして、座談会は位置づけられてきました。

ところで一般的に「座談会」と聞くと、参加者がみんなで車座になって、一人が悩みを打ち明けたりすると、ほかの参加者がそれに対して何らかのアドバイスをするとか、そういうものを想像しますよね。

ところが創価学会の座談会とは、そういうものではないんです。上座に1人、しゃべる人がいて、あとはだいたいその人の話を聞いているだけ。そういう「一対多」みたいな関係でやるんですね。もちろん質疑応答とか、そういうことはあるわけですが、何か相談をもちかけるとか、そういう雰囲気の集まりではないんです。

それで、その1人がしゃべる内容ですが、例えば何人に折伏（布教）したとか、聖教新聞の購読者をどれだけ増やしたとか、そういう信仰上の成果を発表するわけです。

ところが現在、新規の布教活動は非常にやりにくくなっている。支部の会館では地域の新しい会員を発表するということも行われるんですが、だいたい会員家庭に生まれた赤ん坊なんです。私はそういう光景を直接見たこともありますけれど、もう本当に幼児洗礼の世界になっている。

だから結局、「今では選挙の話くらいしか出ない」と、そういう現実になってしまっているわけなんでしょうね。

また、この座談会ですが、だいたい午後7時から8時の1時間パッケージというのが普通です。残業の多いサラリーマンなどは参加できないし、またそもそも夜に仕事をしているような人も参加できない。

さっきの専業主婦の話を含めてそうなんですが、時代の変化によって、昔ながらの創価学会の活動ができない人が現れてきている。

例えば一部マスコミなどで、霞が関の官僚の中に創価学会員のグループがあって、それが霞が関支部をつくってるみたいな話が出ることがあるんですが、官僚をやってるような人は創価学会の活動などできない。忙しくて時間がないですから。

キリスト教がいま、抱える難題

小川　これはキリスト教の世界でもそうなんですよ。クリスチャンは基本的に、日曜日の午前中に教会へ集まってミサや礼拝をやるんです。

でもいま、日曜日に仕事をしている人もいるじゃないですか。それは社会状況の変化で致し方ないんですが、古い世代の信徒からすれば、「日曜の朝に教会に来ないやつは信心が足りない」みたいなとらえ方になってしまう。これはキリスト教界全体のなかでも今、ちょっと問題になってるようなんです。

また伝統仏教のほうですと、かつてはよく行われていた月参りの習慣が、いま一部の地域を除いてほとんど途絶えかけています。月参りというのは、簡単に言えば毎月法事をやるような話です。例えばある家のお父さんが1月10日に亡くなったとしたら、2月10日、3月10日と、毎月の命日にあたる日に、お坊さんがやってきてお経をあげていく。かつては割に広く見られたものだったのですが、いまでは本当に少なくなりました。

これもまあ、日本人の宗教心が薄くなったという問題もあるんでしょうが、ここ最近で急速に増えた、共働きの核家族であれば、そんなふうに僧侶が頻繁に家に来ることへ対応できないわけです。お盆やお彼岸などの集まりにしたところで、土日や祝日でも働いている人などが増えていて、いつでもお寺に顔を出すわけにもいかない。

いま伝統仏教の世界では、そういうお寺の行事に高齢者しか集まらないということが深刻な問題として語られているんですが、社会の構造的に、高齢者以外集まりようがなくなっているようなところもあるわけです。

先ほど、創価学会の2世、3世会員で熱心な人は少ないという話をしましたが、その理由は、こういう伝統宗教の事情と重なる部分もある。

また、ほかにも切実な事情として、こんな話もあるんです。これまでの創価学会の拡大を支えてきたのは、池田大作氏を直接知るような、つまり池田氏とあまり世代が変わらないような高齢層です。

この人たちがいま、寿命で数多く亡くなるようになっているんですが、現実問題として、人の死は穏やかなものばかりではありません。中には非常に重い病気で、苦しみながら亡くなっていく例もある。そこで問題が起こる。

私の知っているある創価学会の2世会員は、非常に熱心な信仰心を持っている人でした。公明党の選挙運動でもフル回転。彼の母親は同じく非常に熱心な婦人部で、親子で仲よく、創価学会の活動に邁進していた。ところが数年前、その母親が亡くなってしまう。がんが全身に転移して、最後は「痛い、痛い、死にたくない」と、泣きながら亡くなっていったといいます。これを契機に、その人は「創価学会の活動に対して冷めてしまった」といって、事実上退会したみたいな状態になってしまった。

つまり、その人は母親と一緒に、「創価学会の教えは素晴らしいんだ。信心を強く持てば幸せになれるし、病気にもならない」みたいなことを言って、周囲にも布教を行っていた。

ところが、そういう創価学会一筋だった母親が、非常に重い病気になって苦しみながら死んでいった。「母親の信心って何だったのかな」と、心にぽっかり穴が開いてしまったというんです。

別に人が重いがんになるというのは、体質とか遺伝とか、それこそ運とか、そういう総合的な理由の結果であり、信心どうこうとは本質的に関係がなかろうと私は思います。しかし創価学会という宗教団体はしばしば、「自分たちの教えこそ最も正しいのであり、創価学会を信じていれば幸せしかなく、創価学会をないがしろにする人間はおかしな死に方をする」みたいな話をしてきた団体なんです。そうした、ある意味で過激な活動を担ってきた世代が、亡くなる際に、いわば報われないような死に方をする。これを間近で見る創価学会員たちは、やはりそれなりに衝撃を受けるというんですよ。

私はあるとき、知り合いの創価学会幹部に、その母親の死とともに学会を離れてしまった2世の話をしたんです。その人は幹部ですから、私が創価学会批判のようなことを口にすると、いつも不機嫌そうに反論してくるんですが、この話をしたときは沈痛そうな面持ちで、「そういう話が最近、本当に多いんですよ」と言っていました。

時代の流れというものは本当に、いまの創価学会に大きな動揺を与えているわけです。

第2章

お金と活動・創価学会員のキホン

宗教団体の一番の売りは「病気治し」だった

島田　1章では、創価学会が会員に求める生活スタイルが、いまの日本の社会人の暮らし方とずれて来ていることを指摘しました。

これに対し、もちろん創価学会として、何の対応もしていないわけではありません。例えば「勤行」といって、つまり創価学会員たちが日々、南無妙法蓮華経の「お題目」とお経を唱えることをそう呼ぶんですが、昔は法華経の方便品という重要な部分について、それを延々何時間も唱える人たちが結構いたんですよ。

でも２００４年に、これを「朝晩15分」というふうに変えたんです。やはり生活の変化があって、「そんなに何時間もやってはいられないよ」と、そういう声があったゆえのことだろうと思うんです。

ただ一番大きなずれは、「病気治し」に関わる部分だと思うんですね。新宗教、伝統宗教問わず、宗教団体の一番の売りというものは、どこも「うちの教えを信じれば病気が治ります」という話だったので。

創価学会であれば、本当に日々の勤行を一生懸命にやっていれば、すべての病気を克服することができると、本当にそうしたことを言っていたんです。しかし、いまの時代で病気になったら、人はまず病院に行くでしょう。病院より先に宗教に行くという人は、ほとんどいないんじゃないですか。

小川　そこは本当に決定的なことかもしれないと思いますね。実は人が病気になったとき、病院に行ったらだいたい治してくれるというのは、けっこう新しい話なんですよ。ここ40～50年くらいの状況と言ってもいいかもしれない。

例えば太平洋戦争ごろまで、ペニシリン（抗生物質）は日本になかったわけです。昔は赤ちゃんは結構簡単に死んでしまうものでしたし、結核など克服されてない病気もたくさんあった。民衆として、「病気になったら宗教に頼る」というのは、まあ、割とあったことなんですよ。

例えば、生長の家の創始者（教祖）である谷口雅春という人は、まさに『生長の家』という名前の雑誌をつくって、それを広げていくことで自身の宗教団体を形成していった宗教家です。

その谷口雅春の初期の売り文句というのは、自分の雑誌を買って読んだら病気が治ってしまう、というものでした。

私はある生長の家の信者の方にこんな話を聞いたことがあります。その人のお母さんは肺が悪かったそうなんですが、『生長の家』を読んでいたら、治ってしまったと。それでもう、熱烈な信者になったというんですよ。

私は、それは別に否定する話でもないと思うんです。人間が何かに真剣に打ち込んで、生活や心がけを改めたりすることで、いろいろな心身の状態が好転するというのは、あると言えばあるんですよ。これは新宗教、伝統宗教を問わず、かつての宗教の有力な売りだったんです。

生長の家・谷口雅春のメディア戦略

島田 『生長の家』という雑誌は、信者の間では「神誌」、つまり神の雑誌と呼ばれていました。それで本当に、読むだけで病気が治ると、そんなふうに言われていた。

また谷口雅春はいまでいうメディア戦略、特に新聞広告というものを非常にうまく活用しました。『生長の家』を合本したものを『生命の實相』という聖典にして売り出したわけですが、新聞にその広告を打った際に、これを読めば病気が治ると。いまだったらそんな広告は規制の対象ですが、そういう広告を出して、さらに信者の輪を広げていった。

小川　谷口雅春が生長の家をつくったのは１９３０年のことなんですが、この流れはメディア史的にも結構面白いんですよ。

なぜかというと、１９３０年代、日本の新聞というのはものすごく発行部数が増大していくんですね。これは日本が戦争の時代に突入し、前線のニュースをいち早く読みたがった国民が、こぞって新聞を購読するようになったからです。新聞メディア自体は明治時代からあるわけなんですが、この戦争熱によって、本当に部数が飛躍的に伸びていく。

そういうある種のニューメディアに、谷口雅春は莫大な広告費を投入して、自分の本や雑誌を宣伝していく。そういう意味では、彼はいわゆるベンチャー精神に富んだ人だったのだろうと思います。

島田　その流れで言うと、谷口雅春はもともと大本に入信していた。この大本は大正時代と昭和の初期に、２回にわたって政府から大弾圧を受けます。それもあって谷口は大本から離れて、自分で宗教団体をつくるわけなんですけれど、この大本が、メディア戦略には巧みだった。

教団の指導者である出口王仁三郎という人物が、まあ変わった人で、例えば七福神に扮したコスプレ映像みたいなものが残っている。そんな恰好をして教団をピーアールしたり、また大正日日新聞という新聞を買収したりしているんです。そういう教団にいた谷口が、自分でも新聞や雑誌を利用して教団を大きくしていった。

過激な記事を載せなくなった創価学会の機関紙

島田 創価学会もまた、ある意味ではそういうところからの影響を受けているんではないでしょうか。例えば聖教新聞のような日刊紙を出して、ほかにもたくさんの機関誌類がある。宗教団体で日刊紙を出しているところなんて、ほかには、世界日報を出す旧統一教会くらいしかない。
あと、創価学会というのは会費が無料なんです。その代わりに、聖教新聞をとって購読料を払ってくださいと、そういうやり方なんですね。

それでその聖教新聞なんですが、最近でこそまあ、おとなしい内容の教団機関紙になってますけれど、昔は今とは違い、外の人間が見たら疑問に思うような内容でした。

その代表的なのが、座談会記事。一応、創価学会の幹部たちが座談会をした記録という形になっているんですけれど、おそらく1人の人間が書いていたと思います。それで、この内容がとにかくほかの宗教団体とか、アンチ創価学会の活動家とか、そういう人たちへの悪口一色なんです。まさに誹謗中傷のオンパレード。

日蓮正宗ともめていたころには、その日蓮正宗がいかにひどいのかと、そんなことが延々と書き連ねられていた。

それから「寸鉄」というコラム欄があって、これもまた本当に悪口の巣みたいなもの。ただ、そういうものが会員にとっては、ある種のお楽しみになっていたんですね。

小川　実際、読んだら面白いんですよね。面白いか、つまらないかで言えば面白い。本当に内容はひどいんですが。

島田　そういうようなものが、会員たちにとってみれば、ある種の創価学会の魅力だった部分がある。

やはり創価学会というのは、学歴もなく、貧しい人たちが多かったから、日本社会全体のなかでは恵まれない立場にあった。だから世間に対する反発心が会員の間には強かったんですが、そういう気持ちを聖教新聞が代弁してくれていたようなところがあったわけですね。

小川　ただ本当に、そういうのはもう過去の時代の話になりましたね。例えば2019年に、かつての日蓮正宗のトップだった阿部日顕という人が亡くなりました。創価学会と日蓮正宗が最後に揉めていたころの日蓮正宗側の代表者で、いわば池田大作氏の大変なライバルだった人。

創価学会と日蓮正宗が紛争状態にあったころ、聖教新聞には連日のように、彼への罵詈雑言みたいな記事が載っていました。ですからその阿部が亡くなったという情報を聞いて、私などは「聖教新聞にまたひどい記事が載るのではないか」みたいなことを少し思っていたんですが、ふたを開けてみると、聖教新聞は阿部の死去に関して特に何も触れなかった。

まあ確かに、いまの創価学会は日蓮正宗と完全に訣別して、喧嘩も終わってしまった状態です。いまさらまた新たに、日蓮正宗とことを構える必要はない。

また以前の創価学会は、立正佼成会や天理教といった、ほかの新宗教団体の悪口も結構言っていたんですが、今はそんなこともしていない。政界においては、公明党は共産党と長年、天敵のような関係にありましたが、今では公明党は政権与党であり、とりたてて共産党と意地を張りあうような関係でもなくなった。

そういう意味では、聖教新聞にいまさら過激な記事を載せる必要もないんですね。創価学会には確かに過激な部分があって、ある種のケンカ宗教みたいなところもあったんですが、今ではケンカをするネタもなくなってしまっている。

そもそも創価学会は、戦前は国家に弾圧されて、初代会長の牧口常三郎は獄死しています。戦後はさっき言ったように、立正佼成会や天理教などと激しい信者獲得争いみたいなことをしていた。そして政界進出して、共産党などと戦って、ついには日蓮正宗ともケンカ。

そういう感じで、創価学会という宗教団体は、常に何かと激しく戦っていたんですよ。

それは望んでやっていたのか、結果としてそうなってしまったのかは、ちょっと判断がつきません。しかし、それゆえに常に目の前に明確な目標があったんですよね。「あいつらをぶっ潰す」みたいな。

でも、今はもうそんな相手もいない。そういうところも、今の創価学会に勢いがなくなっている理由のひとつだとは思うんですが。

日蓮正宗からの破門で気がついたこと

小川　そもそもですが、創価学会というのは結構特殊な新宗教なんです。まず初代会長の牧口常三郎からして、彼が何らかの啓示なり悟りなりを得て、オリジナルに始めた宗教というわけではないんです。

先ほどから話が出ているように、もともと日蓮正宗という宗教団体の在家の方が始めたものなんです。だから少なくとも最初は日蓮正宗ありきで、自前の教義はなかった。

それで実際、途中までとても仲よしで、2代会長の戸田城聖などは、本当に日蓮正宗と親密でした。ただ池田氏の時代になって、これはまあ、どこに原因があったのかはパッと言いにくいんですが、事実として創価学会と日蓮正宗との関係がこじれ始めます。

　創価学会が大変な勢いで拡大していく状況に、日蓮正宗は警戒心とともに、面白くないものを感じ始める。池田氏はまた池田氏で、そういう状況の中で日蓮正宗を軽んじ始める。まあ、言ってしまえばどっちもどっちだったと私は思うんですが、やがて両者間の大ゲンカが始まってしまうわけです。

　結果として1991年、日蓮正宗は創価学会を組織ごと破門してしまいます。これは当時の状況を知る人たちに聞くと、創価学会員たちは当初、かなり動揺したらしいんです。本山に破門されてしまって、俺たちはどうなってしまうのかと。

　ただ結果としては、ほとんど何の影響もなかった。困ったのは日蓮正宗のほうで、上納金も入らなくなるし、大石寺への参拝者も激減する。

　よくも悪くもすでに当時、創価学会とは池田大作氏個人のファンクラブのようなものになっていたんでしょう。

　あえて乱暴に言えば、教義よりも池田氏のカリスマ性があれば、創価学会はそれで十分だった。そのことに池田氏はじめ、創価学会全体として気づいた契機が、日蓮正宗から破門されたことだったのかもしれない。

実は現在、創価学会はいろいろ教義の改訂など行っている事実があります。ポスト池田時代を見すえての組織改革なのだろうという見方がもっぱらで、従来あった日蓮正宗的な価値観をいろいろ削除するなど、かなり大胆なこともやっている。

ただし、一般の学会員の間ではあまり話題になっていないし、よくも悪くも真剣に受け止めているような人も少ない。そして今でも熱心な学会員の人たちが口にするのは、「池田先生、池田先生」という話です。これをどうとらえるべきか。

なぜ「同志葬」をやっているのか

島田 確かに信仰の側面で考えると、創価学会というのは非常に複雑な宗教団体なんですね。

そもそも、長く密接な関係をもってきた日蓮正宗自体が、日蓮系全体のなかでは特殊な宗派なんです。簡単に言えば、日蓮の信仰は自分たちだけが正しく受け継いでいるとしてきたわけで、他の日蓮宗諸派は認めてきませんでした。

日蓮には6人の高弟がいて、そのうちの一人に日興という人がいました。この人の系統を富士門流と呼びます。富士山麓の近くで根を張ってきたからですね。

これが日蓮正宗なんですが、その在家組織として創価学会が現れ、急成長していった。ただ先ほど話があったように、１９９０年代に、創価学会と日蓮正宗は訣別してしまいます。

実は日蓮正宗と分かれたときに創価学会で一番大きな問題になったのが、葬式のことなんです。日蓮正宗というのは僧侶の団体ですから、冠婚葬祭などの儀礼は何でもやってくれていたわけです。葬儀はもちろん、結婚式や地鎮祭もやってくれていた。

だから創価学会の人たちは、学会員になると同時に、日蓮正宗の寺の檀家になるという、そういう構図があったわけです。でも、日蓮正宗と分かれてしまったら、創価学会員は今後、どこでどうやって葬儀をすればいいのかと、そういう問題が出てきました。

そこで創価学会は「同志葬」というものを提唱します。これは、創価学会員は日々熱心に勤行をして、お経をあげることはできるんで、僧侶が行う儀礼の代わりは十分にできたんですね。

それで僧侶の代わりを会員の人たちでやって、亡くなった同志をそういう形で見送ろうということになって、それを同志葬と呼んだ。創価学会はこの同志葬を定着させるためかなり一生懸命になって、いかにそれに正当性があるかということを、いろんな形で理論展開して、啓蒙活動にも取り組んだんです。

小川　その同志葬は、今では「友人葬」とも呼ばれていますね。現在の創価学会では葬儀に限らず、冠婚葬祭などの儀礼の際には地域の幹部みたいな人たちが、まあ普通のスーツなどの格好をして仕切り、「じゃあ皆さん、お経の本を一緒に読みましょう」といった感じでやっているんですよ。お坊さんが来るわけではないし、何だか華々しい宗教的な儀式が行われるわけでもない。

それで、全国各地に創価学会の会館と呼ばれる施設があるじゃないですか。あれはもちろん、地域の行事をしたり、また本部で行われている大きな集まりを衛星中継して見たりとか、そういうことのための施設なんです。

ただ、もうひとつの役割として創価学会員たちのための葬祭ホールとなっている。だから友人葬であるとか、創価学会員の結婚式とかは、あの会館で執り行うことができる。

ただこれもまた、時代の流れと言いますか、先ほど話が出た婦人部のOL化ではないですけれども、創価学会員も一般の社会との接点が非常に多くなってきている。また例えば勤めている会社などで、必ずしも「私は創価学会員です」と打ち明けているわけでもない。

だから自分が結婚する段になって、いきなり「課長、私は今度結婚するんで、そこの池田平和会館に来てください」とは言いにくいんだと。それで特に熱心でもない2世、3世会員になると、一般のウェディングホールで挙式するようなことも珍しくないそうです。当然、これは葬儀にも同じ図式が当てはまります。

冠婚葬祭を自前でできる強み

小川　あと先ほども話が出ましたが、創価学会は日蓮正宗と離れたとき、「本当の仏教は葬式とは関係がないんだ」とか、「葬式には別に僧侶を呼ぶ必要はないし、葬儀ばかりやっているような僧侶は葬式坊主であって、けしからん」とかいったことを、かなり叫ぶようになるんです。

いわゆる葬式仏教批判それ自体は大昔からあるものなんですが、1990年代に、創価学会がちょっとその流れを加速させたような部分がある。

島田　たまたま私は1991年に、『戒名　なぜ死後に名前を変えるのか』（法蔵館）という本を出しました。この内容に戒名批判が含まれていたところから、当時創価学会から頼まれて、そういう同志葬の啓蒙ビデオに出演したことがありました。

小川　本当にそのころ、創価学会は外部の仏教学者などにも接触して、葬式仏教批判の本などをつくったりしていたんですよ。それでいま、「葬式仏教は間違っている」「葬式に坊主は呼ばなくていい」みたいな風潮は、社会全体でも強まっていますよね。

この背景には、間違いなく創価学会の思惑というものも存在しているんです。もちろん、創価学会の目的とは「どう日蓮正宗とうまく訣別するか」にあったのであり、別に彼らとして葬式仏教の、つまり日本の伝統仏教全般のあり方について真剣に考えていたわけではありません。

しかし、こういう意外なところに、日本の社会に対する創価学会の影響力の一端を見ることもできるわけです。

島田　日蓮正宗と関係が深く、冠婚葬祭を自前でできるということが、創価学会の本来の強みだった。

日本のほかの多くの新宗教は、僧侶との関係は特にはない在家教団です。つまり、基本的に既成仏教とは関係がない。となると葬式はどうやるか。自前ではやれないので、結局のところ、もともとの家の宗旨に戻ってしまうんです。それを契機に、やっぱり一度入ったその新宗教団体から離れていくというようなこともあった。

そういう弱みを抱えていないところが、創価学会がほかの新宗教団体に比べて、2世、3世以降の会員たちにうまく信仰を継承させることができた要因にもなったんです。そういう意味でも、同志葬、友人葬を定着させることは、創価学会にとって重要なことだったんではないでしょうか。

多くの新宗教は死にタッチしない

小川　現在、どれだけの一般の日本人が日常的に意識しているかどうかは別にして、「わが家の宗教は何なんだろう」ということについて先祖をたどって探していけば、非常に高い確率で家の菩提寺というものに行き当たるんですよ。そもそも江戸時代には寺請制度といって、人々は幕府の政策で、必ずどこかの寺に所属させられていたので。

そこで創価学会に限りませんが、どこかの新宗教団体に入信するということになったら、「お前はご先祖様との縁を切るのか」と、そんなふうに言われて家庭や地域で大きな軋轢が起こってしまうような時代が、戦後すぐくらいまで実際にあったんです。

そこで立正佼成会など、創価学会以外の新宗教の多くがとった方針が、「われわれは生きる人のための宗教です」と、そんなスローガンを掲げることでした。日ごろどうやってがんばって生きていくのか、人生の潤いとは何か、自分たちはそういうことを考える宗教であって、「死んだ人のための宗教」ではありませんと、つまり教団としてあまり葬儀にはタッチしないんだという方針を示し、それで伝統宗教側との軋轢を緩和しようとしたんですね。

東日本大震災の後に、私は東北の被災地に取材に行って、そこである新宗教団体の職員と話をしたことがあるんです。ああいう巨大な災害による死とは、やはり理不尽なものなんですよ。

いきなり襲ってきた津波にのまれて、遺体も上がらないとか。それで、家族を失った地域の信者が教団施設を訪ねてきて、何とかこの教団の教えで弔いをやってほしいと、そんなふうに求められたというんですね。

しかし、その教団にはそういう葬送に関する教義や儀式が存在しない。「帰ってください」としか言いようがなく、非常に心が痛いと、そんなことを語っていました。でも、実は創価学会以外の多くの新宗教というのは、それくらい死にタッチしないんですよ。それで創価学会の人たちはそういう他教団の姿を見て、「あいつらの教えはただの趣味だ。宗教じゃない」と、そんなふうにも批判してきたんですが。

ただ、創価学会として葬儀ができた裏付けは、日蓮正宗との関係だったわけです。そこと切れてしまったのは、実は結構致命的だった。だからこそ、そこをうまくやっていかないといけないと苦労して、何とか友人葬のシステムをつくり上げた訳なんですが。

創価学会員用の墓は一般より安い

島田　創価学会が日蓮正宗と分かれた後でも葬儀ができたのは、ひとつはさっき言ったように、会員の個々人が熱心に勤行を重ねてきたので儀式ができたということなんですが、もうひとつは墓の問題です。

創価学会員の墓は、日蓮正宗の寺の境内にあるという場合もあったんですが、もともと日蓮正宗の寺はそんなにたくさん数がない。しかし戦後、創価学会は本当に急速に拡大していきましたから、例えば名簿上、1つの日蓮正宗の寺に1万人とか2万人の檀家が登録されるようになった。

でも現実的な問題として、寺の側でそんな膨大な数の檀家を相手にできるはずもない。だから個々の創価学会員たちは外部の一般の霊園に墓を買う人たちもいた。また創価学会として日蓮正宗の寺院とは関係なく墓苑開発に乗り出してもいましたから、そこで墓を買う人も多かった。

つまり創価学会員と日蓮正宗寺院の関係とは、檀家とはいうものの、一般的な寺と檀家の関係とは違って、墓を媒介にした檀家じゃないんですね。

だから創価学会が日蓮正宗と切れても、例えば「親の遺骨を返せ」とか「先祖代々の供養はどうするんだ」とか、そういった類の問題があまり起こらなかった。

あと、創価学会の特に初期の会員たちは、未婚で入会した人たちが多かったという点も重要です。

よく言われているように、創価学会員が戦後に急拡大した理由というのは、高度経済成長期などに地方から都会へ出てきた、寄る辺のない未組織の労働者たちを取り込むことに成功したからです。

ある意味では先祖というものから切り離されて都会に出てきた人たちだったから、差し迫って墓を買うとか先祖の供養をするとか、そういうニーズはまったくなかった。創価学会が霊園事業を始めたときも、葬るべき先祖がいるから墓地を買うというよりも、創価学会の運動を広めるために墓地を買う、いわば聖教新聞を購読するような感覚で買う人も多かったんですね。

小川　創価学会の墓苑は、富士山麓とか北海道の石狩とか、まあそういう感じで全国津々浦々にあるんですが、特に外部の人が見て驚くのは、みんな墓石のサイズが一緒ということなんですね。

創価学会員はみんな平等だ、という価値観に基づくものらしいんですが、結構小ぶりで、購入価格は100万円だとか。一般に墓を買う値段の相場は100万〜200万円と言いますから、平均より割安でもあると思います。

仏壇は普通のものと形が異なる

小川　実はこれに限らず、創価学会員をやっているなかで掛かるお金というのは、世間で思われているよりかは少ないんですよ。もちろん、個々の事情や信仰心などですごい額のお金を寄付している人はいますが、先ほども話が出たように、そもそも会費も取っていない。

例えばたまに週刊誌などに、「創価学会の仏壇は1000万円くらいする」みたいな記事が出ていることがあります。

もちろん、そういう仏壇を買っている会員もいるかとは思いますが、あまり一般的ではないと思いますよ。言っては悪いですが、割と安っぽい、プラスチック製の小さな仏壇しか持っていない人もいて、それが幹部クラスだったりすることも、ないではない。

島田　創価学会の仏壇というのは、普通の仏教の仏壇ではないんですね。まず、フックがついている。これは本尊を吊り下げるために、そういうフックがついてる。

本尊というのは「南無妙法蓮華経」の文字を書いた、小さな掛け軸みたいなものです。それを学会では仏壇に祀るわけで、位牌を納めるとか、そういう形にはなってないんです。

そういう仏壇は「創価学会用仏壇店」という店があって、そこで売っている。その店は、別に創価学会が運営してるわけではなくて、単なる一般の営利企業です。本当に「ただのお店」、仏壇屋なんですね。やっているのは創価学会の会員だとは思うのですが。

創価学会用仏壇というのは、あくまで本尊を拝むためのものであって、先祖の供養とか、そういう話とは必ずしも直結していない。重要なのはその本尊だから、作りはプラスチックでも何でもいいんです。

もちろん、幹部になったりするとメンツもあるんで、「なるべくいいものがよろしいですよ」などと言って仏壇屋が勧める。それで高価な仏壇を買う人もいないわけではない。ただ、その高価な仏壇の代金が創価学会に入る訳ではないんですね。

あと、創価学会は友人葬になってから、戒名をつけない。僧侶が葬儀に来ないわけですから、戒名をつけてくれる人がいない。よって友人葬というのも、派手な儀式が行われるわけではなく、かなり簡単に、質素に終わってしまうということです。このあたり、世間における創価学会のイメージとは、結構ギャップがあるのかもしれません。

ほかにも、例えば、熱狂的な会員が大量に押しかけてきて暴力的な布教をするとか、そういうことも今ではありません。

そもそもこれは宗教全般に言えることなんですが、具体的に誰が布教活動をしているのかというのは、その宗教によっていろいろ違うわけなんです。

例えば出家している人、聖職者、専門の宣教師がいるような教団だと、そういう人たちが布教活動を担う。戦国時代の日本にキリスト教を伝えたフランシスコ・ザビエルとかが、その典型例ですね。当時のカトリック教会の、専業宗教家として活動していた人です。

ところが創価学会だと、会員はみんな俗人です。彼ら個々人には生活もあり仕事もあって、人生のすべてを布教にかけるわけにいかない。特殊な人はかけるかもしれないけれど、先ほども話が出たように、その代表的存在だった婦人部もなくなってしまった。

ゼロから思い立って入る人は、ほとんどいない

小川　現状として、創価学会に新規で入る人のほとんどは2世、3世になってしまっているわけですよね。

本当にゼロから思い立って入る人は、ほとんどいない。そのレアケースで聞くのは仕事関係で、例えば取引先とか上司に言われて入るとか、そういうのはあるらしいんですが。ただハラスメントみたいなことがやかましく言われる時代、それもかなり難しくなってきた。

また一応、創価学会内では、「組織利用」はご法度ということになっているんです。つまり「創価学会に入ったら仕事を発注する」とか、そういうことはやってはいけないことになっている。

島田　会員間でお金の貸し借りをするのは厳禁ですね。

小川　その通りです。しかし、そうはいっても人間の組織だから、やってる人はやっている。

例えば私は以前、大阪でトラック運送業をやっている創価学会員に会ったことがあるんです。その人はまさに創価学会の人間関係をフル活用して、いろいろなところから仕事をもらっているそうで、「おかげさまで非常に儲かっている」と言っていてですね。「（教えは）信じとらんで！」と、これはまあ、大阪人らしいジョークも添えていましたが、そういう人もいるにはいる。

だから創価学会経済圏みたいなものは、私はあるとは思うんですけど、ただオフィシャルに推奨されていることではないので、どうしても限界はあると思います。

しかし、巨大な利権とは呼べなくても、創価学会員間のゆるやかなそういう結合というものは、確実にあるんですよ。そして今の創価学会では、めちゃくちゃに厳しいことをやらされることもありません。

組織の活力がなくなっているといえども、あえて飛び出していく理由もないという人が割といるんです。何といっても日本最大の新宗教団体ですから、入っていれば顔見知りも多い。小さいころから創価学会員をやっていれば、よくも悪くもその中での人間関係というものもできてくるわけです。

だから2世、3世会員で、何となく創価学会のことをイヤだなと思っていても、好き好んで組織にケンカを売って飛び出す必要性までは感じないという人が、結構いるということです。

それゆえ、かつてのような戦闘集団的な勢いはないにしても、あとはゆるやかにダメになっていくだけというのか、本当に潰れてしまうみたいな時期は、相当先の話ではあると思いますよ。


島田　例えば家族全員が創価学会員の家庭に生まれたのだとしたら、何か特別な事情でもない限り、自分も創価学会員でいたほうが楽だというのは、あると思うんです。

よく「創価学会員は他宗教の人とは結婚できない」みたいな話がありますが、別に規則で禁じられているというわけではなく、結局そっちのほうが楽で、問題が起こりにくいからです。

活動に熱心な人の場合だと、相手が同じ会員でないと理解が得られない。以前なら、とりあえず結婚して、それから相手を折伏して会員にするということもありましたが、今では会員同士で結婚することのほうが圧倒的に多いですね。

そしてまた、そういうなかでも創価学会をやめたい、または他宗教の人と結婚したいということになれば、今では簡単にやめることもできますし、創価学会が組織としてその脱会希望者を強引に抑え込むとか、そんなこともないと思います。

「せめて聖教新聞の購読だけは続けてくれないか」

島田　そもそも、創価学会を「やめる」というのがどういうことなのか、ここが結構あいまいで難しいところです。

創価学会には統監カードというものがあります。つまり、個々の会員がいつ入会して、それからどういう活動をしているのかといったことが記録されているものですが、これを管理しているのが各地域の幹部です。それで各地区の担当者が定期的に集まってこの統監カードを整理している。

それで、その人が担当している地域から「創価学会をやめたいんですが」と言ってきた人がいたときに、それを統監カードに反映させるかどうかの権限は、本人でも本部でもなく、その担当者にあるわけなんです。

だからその担当者のメンツだとか、また本部の顔色をうかがわなければならない状況にあるとか、そういうことであれば、「やめたい」という人が現れても、統監カードを書き換えないこともあるんですね。もしかしたら、また戻ってくるかもしれないと期待する部分もあるでしょうし。

小川　これは地方によって結構違いもあるらしいんですが、聖教新聞の部数ノルマというものが、地区ごとに割り当てられてる場合があるらしいんですよ。

例えば埼玉県のどこかの市において、「地域で絶対に1000部を死守しろ」みたいな話があると。だから熱心な会員は1人で10部くらい購読する人もいるわけなんですが、地域の幹部にしてみれば、このノルマが果たせなくなることが非常に困る。

そういうときに「創価学会をやめたい」という人が現れた場合、幹部としては「別に日々の活動に顔を出さなくてもいいから、せめて聖教新聞の購読だけは続けてくれないか」と、そんな頼み方をすることがあるそうなんですね。

まあ、聖教新聞の購読料は月に約1900円ですからね。そんなにすごいお金ではない。活動には来なくてもいいけど、とにかく聖教新聞の地域部数だけは減らさないようにと、それを至上命題にしているようなところもあるらしい。そういう事情を通してみても、「本当の創価学会員の数」というのはなかなかわかりにくいわけです。

島田　聖教新聞は、半分は一般紙みたいな構成ですからね。共同通信から配信された普通のニュースも載っているし、テレビ欄やスポーツ欄もある。まったく役に立たないわけではなく、かえって普通の新聞と比べたときに難しいことも書いてない。家庭欄もあるし、結構、伝統芸能については独自に取材して記事にしています。

小川　だから「創価学会をやめたい」と思っている会員がいた場合、聖教新聞の購読を切るか切らないかが、最後の縁の切れ目みたいな話になると、そういっている幹部の人がいましたね。

創価学会員か否かの判断は難しい

島田　あとは選挙のときに、公明党への投票依頼を断るかどうか、そこが最終ラインですよね。本当に投票するかどうかはともかく、一応言われたときに、「はい、わかりました」と答えるかどうか。それが最後の砦だと。

創価学会では、会員でありながら活動してない人のことを、「未活」や「非活」と呼ぶんです。それで、この人たちを掘り起こす、つまり活動してもらうように仕向けることも、会員たちの重要な活動なんです。

選挙は、一番その未活、非活を活性化させる契機になると考えられていて、だから公明党への投票については、実に熱心に働きかける。もちろん、それで実際にどの程度の効果があるかはわからないですけれど。

ただ、そういう未活、非活というカテゴリまで含めて考えてみたときに、いったい誰が創価学会員で、誰がそうでないのかというのは、本当に判断が難しい。かなりグレーゾーンがあって、学会本部でも実数は把握できていないんですね。

小川 先ほども話が出ましたが、2世、3世の会員というのは、もう本当に赤ん坊のころから、生後数カ月とかの段階で創価学会に入会させられてしまうわけです。本人の意思は何も関係ない。

しかしそれは同時に、その子供が成長しても、本当に創価学会の活動をしてくれるのかどうか、そんな保証はどこにもないという意味でもある。創価学会の子供たちの組織に未来部というのがあって、「おいでよ」と誘われはするわけですけど、例えば学校の部活で野球を始めてそれに没頭していけば、創価学会の活動なんてまず行かない。

本部のほうはそういうところの締め付けをもっとしたいと思っているのかもしれま

せんが、じゃあ具体的に誰が締め付けに来るんだよ、と。昔は熱心な婦人部のオバチャンみたいな人がいて、「あなた、こっちにも顔を出さないとダメよ」なんて言っていたわけですが、今ではその婦人部自体が存在しない。

島田 旧統一教会とか、問題のある宗教団体をめぐる議論のなかでよく、「教団による締め付けが……」みたいな話が出てきますが、実はそんな厳しい統制はあまりきかないんですね。

宗教団体というのは基本的に、それぞれの信者が勝手に活動してるわけです。教団側が何を言ったって、信者たちが納得して自発的に動いてくれない限り、何にもできない。この点についても、会社組織みたいなものと混同されているところがある。別に教団がお金を払って信者を雇っているわけではないんです。むしろ信者のほうがスポンサーなわけですよ。教団にお金を出す側だから。それが教団によって簡単に動かされることはない。

だからこそ、どう信者たちに活動について納得してもらうか、教祖や幹部たちの手腕が問われてくるわけで、池田大作氏はそういうことが抜群にうまかった。でも、その池田氏は公の場に姿を現さず、後継者もいない。だからいま、創価学会は非常に苦しいところに立っているわけなんですね。

ご購読ありがとうございました。今後の出版企画の参考に
致したいと存じますので、ぜひご意見をお聞かせください。

書籍名

お買い求めの動機

1　書店で見て　　2　新聞広告（紙名　　　　　　　　　）

3　書評・新刊紹介（掲載紙名　　　　　　　　　）

4　知人・同僚のすすめ　　5　上司、先生のすすめ　　6　その他

本書の装幀（カバー），デザインなどに関するご感想

1　洒落ていた　　2　めだっていた　　3　タイトルがよい

4　まあまあ　　5　よくない　　6　その他(　　　　　　　　　)

本書の定価についてご意見をお聞かせください

1　高い　　2　安い　　3　手ごろ　　4　その他(　　　　　　　　　)

本書についてご意見をお聞かせください

どんな出版をご希望ですか（著者、テーマなど）

郵便はがき

料金受取人払郵便

牛込局承認

8133

差出有効期間
2023年8月
19日まで
切手はいりません

162-8790

東京都新宿区矢来町114番地
神楽坂高橋ビル5F

株式会社ビジネス社

愛読者係 行

ご住所 〒 TEL:　　（　　）　　FAX:　　（　　）			
フリガナ お名前		年齢	性別 男・女
ご職業	メールアドレスまたはFAX メールまたはFAXによる新刊案内をご希望の方は、ご記入下さい。		
お買い上げ日・書店名 年　月　日　　市区 町村　　書店			

第3章

創価学会と公明党の歴史を辿る

牧口常三郎と戸田城聖

島田　先に少し触れましたが、創価学会というのは、１９３０年に「創価教育学会」という名前で発足した組織です。ただ、その１９３０年に、本当にカチッとした組織が生まれたかどうかは怪しいんですね。初代会長だった牧口常三郎が、『創価教育学体系』という本を発刊した年が１９３０年。それが一応、創立の年ということになっている。多分本格的に組織ができたのは、そのしばらく後のことだと思います。

なぜ最初の組織の名前が創価教育学会だったのかというと、牧口が教育者だったからです。彼は東京の尋常小学校の校長を歴任して、同時に地理学を研究していた人です。その関係から、民俗学者の柳田國男とか、国際連盟事務次長を務めた新渡戸稲造など、著名人とも交流している。

だから牧口の本の序文を柳田が書いていたり、ということもあった。そんなインテリです。そういう人が創立者だったのが創価教育学会で、初期のころ集まってきた人たちは、教員が多かった。それが出発点です。

活動の中身としては、先に紹介した座談会というものを中心に置いて、日蓮正宗の信仰を持つことによって利益が得られたかとか、その信仰をないがしろにしたから罰が下ったとか、そういうことを論じるような活動をやっていた。

ところが牧口の日蓮正宗信仰は非常に熱くて、戦前の国家神道体制の中で、伊勢神宮のお札に対して、「こんなものは信仰するに値しない」と言って焼却してしまうようなことをしたんです。それで牧口は警察に逮捕されて、獄死してしまう。

そのときに一緒に逮捕されたのが、戦後、創価学会の2代会長になる戸田城聖です。戸田は牧口の弟子で、最初は代用教員をやっていたんですけれど、商才があって実業界に転じました。

今でいう教育産業ですね。塾を作ったり、いろいろな教材を作ったり、参考書を出版したりして、なかには100万部売れた算数の参考書とか、そういうものもあったようです。ほかにも模擬試験や通信教育みたいなものをやったりとか、戦前にそういう事業を展開していて、おそらくそこで稼いだお金が創価教育学会の運営資金に使われていたんだと思います。

牧口は獄死してしまいますけれど、戸田は戦争が終わる直前に釈放される。そこから創価教育学会を創価学会と改称して、戦後に再建する。

同時に彼は実業家として、戦前と同じようにいろんな事業をやるわけです。そのなかで戸田は小口金融にも手を出して、その金融業に関わってきたのが池田大作氏。そういう関係だった。池田氏はまず、戸田の手がけた実業の方面から頭角を現してきた存在なんです。

戸田城聖は非常にユニークな人で、酒が好きなんですね。講演するとき演台に酒を置いて、それを飲みながら話をしていた。いまでもそんな戸田の講演を収めた録音が残っていて、YouTubeにもあがっていたりしますが、本当に酔っぱらいの話です。全然筋道が通っていないようなものもある。でも、そんな戸田の話を創価学会員たちは喜んで聞いている。拍手喝采。そういう、非常にざっくばらんな人だったんです。

地方から都会に出てきた単身者を会員に

島田　創価学会に限らず、戦後の日本ではさまざまな新宗教が広がっていきます。その原因として大きかったのは、やはり、新しい憲法下で信教の自由がはっきりと保障されたことです。

戦前の日本では、それこそ牧口常三郎が獄死した流れからも分かるように、新宗教が何でも自由に活動できるような社会ではありませんでした。終戦後、ＧＨＱが「そういう体制が問題なんだ」ということで、新憲法ができて信教の自由が保障され、今の宗教法人法につながる宗教法人令ができた。

ただこれは当初、簡単な届け出さえすれば誰でも宗教法人をつくることができたので、いろんな得体のしれない人たちが、脱税目当てでどんどん宗教法人をつくるようなことにもなってしまいます。創価学会は、そういう社会の空気のなかで再建を目指していくことになるわけです。

終戦直後の段階では、創価学会よりも立正佼成会の伸びのほうが早かった。後にアンチ創価学会同盟のような形で活動する新宗教の連合組織、「新日本宗教団体連合会」（新宗連）というものが１９５１年にできるんです。

新宗連の中核教団は、立正佼成会やＰＬ教団。生長の家も最初は入ってたんですけれど、ここに創価学会が入っていないのは、単にそのころ、まだ創価学会が小さかったからではないかと思うんです。そのころの創価学会員は、まだ５０００世帯ぐらいしかいなかった。立正佼成会は何万世帯とか、そういう規模ですから。

しかし創価学会は高度経済成長の時代になって、地方から都会に出てきた単身者を中心に会員を増やしていった。地域共同体から離れて孤独な境遇に置かれた人たちを、会員として吸収したわけです。その数が実に膨大だった。

そういう人たちの多くは小学校卒、あるいは中学校卒でした。彼らは基本的に零細企業にしか就職できないわけで、生活は非常に不安定。その不安定なところに、ひとつの絆、支えになるものとして、創価学会の信仰を与えたんです。それで創価学会は伸びていった。だから高度経済成長がなければ、今日の創価学会もなかった。

もちろん、当時は社会主義陣営に大きな力があった時代で、共産党などにも労働者たちは集まった。ただ、共産党の場合は幹部の主流が大学卒で、基本的にはインテリ組織なんです。だから創価学会のほうが底力は強い。

また未組織労働者、つまり労働組合に入れない町工場や個人商店、そういうところで働いていた人たちが、創価学会の会員になったんですね。

「創価学会を信仰すれば現世利益が得られる」

島田　そうした都会で寄る辺のない労働者というのは、もちろん立正佼成会などのほかの新宗教にも入ったんですが、創価学会は日本の新宗教のなかでも、活動が過激だったことが当時は大きな魅力になりました。

　これは日蓮正宗の伝統でもあるんですが、自分たちの信仰が絶対正しくて、ほかは間違っているという考え方をとる。貧しく、学歴のない人たちからすれば、これはひとつのプライドになったわけです。

「自分たちは正しいんだ。正しい信仰を持つことによって、立派な人間としてこの社会に存在しているんだ」と、創価学会はそういう確信を彼らに抱かせたんです。そして繰り返しますが、彼らは若い単身者。乱暴で強引な活動もできた。そこから創価学会の過激な体質が強化されます。

　高度成長期に使われた創価学会の布教マニュアルに、「折伏教典」というものがあります。折伏、つまり布教をするために、日蓮正宗の教えはこうしたものなんですよという解説が書いてある。

それだけならともかく、ほかの宗教はこういうところで間違っていると、そんなことまで、その折伏教典には書いてあるわけです。それを創価学会員は鵜呑みにして、ほかの宗教団体を激しく攻撃したわけです。

それでその当時の創価学会は、あらゆることは折伏と勤行によって解決すると、そういう単純な構図を会員たちに教えていました。それによって現世利益を得ることもできるんだ、と。

直木賞作家である志茂田景樹氏の小説に『折伏鬼』というものがあります。彼は元創価学会員だから、そのときの体験を書いてるんですけれど。その小説には戸田城聖をモデルにした人物が登場して、信仰さえ持てば豊かになれる、子供に十分な教育を施せると、そういうようなことを訴える場面が出てきます。

つまり、創価学会を信仰すれば現世利益が得られるいうことを、戸田は徹底して説いた。そして、その時代はやっぱり経済がどんどん伸びていくから、頑張ればだいたいの人間の生活は向上したんですね。それを信仰の力だと戸田はいい、また会員たちは納得して、ますます信仰を強めていったわけです。

伝統宗教と新宗教の立場が逆転

小川　先ほど話が出たように、戦前の創価学会は初代会長の牧口常三郎が逮捕されて獄死するという、つまり弾圧を受けたわけです。

戦前の新宗教で非常に力のあった大本教（大本）も、大弾圧の末に壊滅状態にあった。ＰＬ教団の前身である扶桑教ひとのみち教会も、戦前に官憲ににらまれて解散させられています。生長の家の創始者・谷口雅春は割と右翼的な人物だったんですが、そんな彼でさえ当局ににらまれていて、もう少し戦争が長引いていたら逮捕されていたかもしれないといわれています。

こういうふうに、戦前の国家神道体制のなかにおいて、新宗教というのはあまり自由な活動ができなかったんですよ。

一方で伝統宗教はどうだったのかというと、神道のみならず仏教もキリスト教も、基本的に全面的な戦争礼賛なんです。

このときの彼らの態度を「戦時教学」と言って、いまでは触れることがタブーになっているような面もあるんですが、もう本当に大日本帝国のやり方を全肯定していた。

例えば「座禅をすると特殊な力がついて、アメリカ兵が死ぬ」とか、「南無阿弥陀仏と唱えるよりも、突撃して敵弾に当たるのが極楽に行く一番の道」だとか、いま聞くと本当にめちゃくちゃなんですけど、戦前の伝統宗教は、こういうことを真面目に言っていたわけなんです。

当然戦争が終わると、「これは何だったんだ」みたいな話になって、教団機構として大きく動揺することになります。

また、寺や神社は戦前、たいてい寺領や社領というものを持っていて、つまり地主だったんですよ。ただ、これがＧＨＱの農地改革で取り上げられて、経済的基盤が崩れてしまう。

それで困ってしまって、いわゆる葬式仏教、葬式のたびに何十万円も取るとか、そういうことが広く行われるようになっていきます。そういう感じで、終戦直後の伝統宗教というのは、結構ガタガタ状態なんです。

ところが新宗教のほうは、「弾圧されていた悪の時代が過ぎ去り、いよいよ俺たちの時代が来た」みたいな感じで、すごく勢いがありました。よく「新宗教がのさばっていた間、伝統宗教は何をしていたんだ」みたいな批判があるわけですが、当時の状況を説明すれば、そんな感じだったわけです。

お祭り感覚を重視した政界進出

小川　先ほど、かつての創価学会の上部組織である日蓮正宗の総本山・大石寺にある本尊の話が出ました。確かにこれは日蓮正宗の教学上、非常に重要な、究極の崇拝対象です。しかしこれを戸田城聖は「幸福製造機」だと呼んで、これを拝んでたらお金がじゃんじゃん入ってくるし、病気なんかも全部治ってしまうと、そういうふうに会員たちに言うわけですね。

本来、そういうものではなかったはずなんですけどね。しかし会員たちは信じて、そういう絶対的な存在をいただくイケイケな集団として、もう本当に乱暴な布教活動なんかを展開するわけです。

戦後間もないころの記録を読んだりすると、若くて元気な創価学会員たちが、徒党を組んで他の宗教団体の施設に突撃するとか、本当にそういうことが書いてあるんですよ。これが折伏。他人を折って、ひれ伏せさせる。本当にひどいんですけど、ただ、やっている側とすれば、面白いところは確実にあったと思うんです。

池田大作氏はこの時代、つまり3代会長に就任する以前、創価学会内で「参謀室長」という役職に就いていました。何かぎょっとするような肩書ですが、古い世代の学会員たちに聞くと、当時は戦争も終わったばかりで、むしろ自然で、軍隊調に組織をつくることなんかも、いまのようなアレルギーは特になかったというんですね。それで本当に軍隊チックに、当時の創価学会は暴れていたというわけなんです。

公明党の結党は１９６４年のことで、創設者は当時創価学会会長となっていた池田大作氏です。しかし創価学会の政界進出自体は戸田城聖会長の時代、１９５４年から行われていたことでした。

創価学会としての政党はないんですが、「創価学会系無所属」などと称して、各種の選挙に会員たちを立候補させていた。そのとき戸田が主張していたのは、王仏冥合、簡単に言えば政教一致国家をつくるんだと、そういうことだったんです。こっそり内部だけで言っていたのではなく、対外的にも堂々と公言していた。

これは戸田が独自に考えたことではなく、日蓮正宗にもともとあった価値観です。それを持ってきただけで、戸田や創価学会のオリジナルではない。

ただそういう考え方があった一方で、戸田は「選挙をすると教団がより結束する」と、そういう効果も見抜いていたわけです。先ほど、「今の創価学会にとって選挙とは例大祭みたいなものになってしまっている」という話をしましたが、政界進出を始めた戸田自身が、その効能には気づいていた。

「選挙に信者を駆り出すと、みんな団結するし、面白がる。これは政治権力どうこうに関係なくとも、非常にいいことである」と、戸田は生前、かなりはっきりと言っています。

ちなみに、創価学会が応援して初めて当選させた国会議員は、1956〜86年にかけて参議院議員を務めた、白木義一郎という人です。

彼は実は元プロ野球選手で、東急フライヤーズのピッチャーだった人。だからまあ、頭がいいとか、創価学会の大幹部だったとかではなく、ようするにタレント候補だったんです。ちょっと言葉が悪いですが、当時の創価学会員の大半を占めた階層からすれば、「いいぞ、いいぞ、野球選手だ、がんばれ、がんばれ」と、そういう感じで応援しやすい人だった。

　そういう意味でも、創価学会の政界進出というのは、当初から政治権力の奪取とかいった話と同等かそれ以上に、お祭り感覚を重視していた部分があったんじゃないかと思うんです。

日蓮宗との衝突「小樽問答」

島田　あの当時の創価学会にいれば、本当に面白かったとは思いますよ。それで創価学会の政界進出が始まったころの１９５５年、「小樽問答」という騒動が持ち上がります。創価学会と日蓮宗、いわゆる一般の伝統仏教である日蓮宗との衝突です。この両者が北海道小樽市の公会堂で対論したんですね。
　日蓮系の仏教には法論の伝統があって、日蓮という僧侶自身が正しい教え、正法という、法華経をもとにした正しい仏法を信仰することが国を救うことにつながるという考え方を持っていたので、彼から見て間違った教えである浄土宗とか密教とか、そういう宗派の僧侶と論争をして決着をつけようと、そういう行き方、考え方をしていたんです。

それでこの小樽問答ですが、きっかけは地域の創価学会員が日蓮宗寺院と揉めて、そのことを知った戸田がこれを利用して、創価学会と日蓮宗で法論をやろうと、こう言い出すんです。それでお互いが動員をかけて、大変な騒ぎになった。まあ、創価学会が動員した人数のほうが多かったんですけれど。

この小樽問答を録音したテープが残っていて、私は全部聞いたんですけれど、これがなかなか激しいんです。そして両方とも、相手の弱点を突くだけというか、そんな態度に終始してしまったので、どっちが勝ったのかは客観的に見るとよくわからない。勝負を判定する人も用意していなかったですし。

ところが論争の最後に創価学会側の司会をしていた池田大作氏が会場に向かって、「いままでの結果から、もう創価学会が勝ったのは明らかですね」と勝利宣言するんです。すると会場にいた大量の創価学会員がワーッと歓声をあげて、日蓮宗の側はそれに対応できなかった。それで創価学会が日蓮宗に勝ったと、そういう話になってしまったんです。

戸田城聖と池田氏というのは実業界の人でもあって、非常に組織を運営する手腕に秀でていた。それでこういった作戦みたいなものも実にうまいんですね。

先ほど参謀室長という話が出ましたけど、戸田と池田は創価学会内に青年部隊、女子部隊みたいな、そういう軍隊的な組織を編成していく。それで軍歌をもとにした創価学会の歌を、彼ら会員にうたわせていた。

富士山麓に会員の青年たちを1万人ほど集めて、それでその前に戸田が白い馬に乗って現れるとか、そういう戦前の天皇の閲兵式を真似た行動をしていた。そういう戦闘的な集団がかつての創価学会で、言ってみれば後の学生運動の、ある種の原型みたいなものなんです。人間は戦うことが好きなんだなと、感じさせます。そのノリで、選挙活動もやったんですね。

「言論出版妨害事件」と政教一致路線の放棄

島田 そして、そのころの政界の一大トピックといえば、何といっても55年体制の確立です。国会は保守側が自民党、革新側は社会党に分かれて、そういう本格的な保革対立の時代が始まった。

しかし戸田城聖は、どうもそういう政局に巻き込まれるのを嫌っていたようです。だから衆議院選挙には候補を立てない、はっきりした形の政党も作らないということを言っていて、実際に戸田の時代にはそういうことにはなりませんでした。

ところが戸田が１９５８年に亡くなって池田大作氏が60年に3代会長になると、彼は公明党をつくって、衆議院議員選挙に候補を立てるようになった。これを池田氏は、「戸田先生の遺言していたことに従った」と言っているんですが、はっきり言って捏造です。

さっきも言ったように、戸田は生前、衆院選には出ない、政党をつくらないということをはっきり公言し、そういう文書も残しているんです。池田氏の書いたとされる小説の『人間革命』にも政党を作ることや衆院に出ることを否定する戸田の発言が出てきます。ですから、そんな遺言をこっそり残しているわけがないんですね。

小川　ただ、実際に公明党なる宗教政党は誕生して、衆議院に議席を得ていく。先ほども言いましたが、当時の公明党は王仏冥合、政教一致路線というものを堂々と掲げていた。さすがにそういう政党が国会で勢力を伸ばしていくのはまずいだろうという声が各所で上がるようになり、１９６０年代後半、創価学会、公明党はものすごいバッシングをあびるわけなんです。

数々の批判本も出版されるんですが、そのなかで一番有名なのが明治大学の教授だった藤原弘達という人の書いた本、『創価学会を斬る』（日新報道）でした。

島田　藤原は当時のテレビ文化人で知名度があったから、この人の批判を創価学会・公明党は怖れたようですね。

小川　それで、創価学会はこの本の出版を妨害しようとして、たとえば書店に圧力をかけたり、政界で割と親しい関係にあった田中角栄に頼んで、藤原に手を引くよう言ってもらったりとか、そういうことをいろいろやった。

でも藤原は引かなかったので、そういう創価学会の一連の行動は言論の自由への挑戦、「言論出版妨害事件」だといわれて、世間からのものすごい批判を浴びることになるわけです。

それで結果として、池田大作氏は創価学会会長として謝罪に追い込まれます。同時に、今後は王仏冥合とか、そういう政教一致路線は放棄すると言明せざるをえなくなるわけです。

それまではほかにも、宗教団体である創価学会の幹部がそのまま選挙に立候補するなどのことがあったんですが、そういうこともしないと表明します。以後、現在に至るまで、公明党は平和と福祉の党、創価学会の宗教的な理念を一般的な政策論に落とし込んで、現実的な政治をやっていきますと、そういう姿に変わったわけなんですね。

なぜ厚生労働相と国土交通相か

島田　創価学会が政界に進出した目的には、確かにそういう政教一致路線もあったんですが、もうひとつ、大衆福祉の実現というものも掲げていた。やはり支持者、つまり創価学会員というのは、大半が貧しい庶民ですから。

ですからこれは今でもそうですが、創価学会、公明党は国政以上に、地方議会に議員を送り込んでいるんですね。公明党には今でも、3000人近い地方議員がいる。

その地方議員の活動で一番の中心になるのは、住民相談というものです。これを公明党は草創期から非常に積極的にやっているわけです。地域の住民が困ったときに、公明党の議員に頼むと動いてくれる。これは別に創価学会員でなくとも、一般の人が頼んでもやってくれます。

そうした住民相談を核にして、大衆福祉を実現するということが党の活動のひとつの中心になっている。これは最初からずっと変わってない。それはやはり、創価学会に集まってくるのは、福祉の対象になるような人たちが多かったからです。

そういう人たちに、いかに福祉の恩恵を与えることができるのか。それを実現するために公明党の地方議員が活動し、国会議員は政策的な面で後押しすると。だから公明党が政権に入った最初の時点では、厚生労働大臣をやっていた。

そのあとは国土交通大臣に変わったけれど、じつはこれにも利権が関係していて、国土交通省は建築関係の管轄官庁です。創価学会員の中には、建設業や不動産業で働いている関係者が多いので、その人たちにとって役に立つからですね。

小川 創価学会は全国に会館を建てているでしょう。あれは建つたびに、聖教新聞に「建ちました」というような記事が出て、その下に建てたゼネコンの広告が載ったりするんです。それもまた、利権といえば利権で。だから日本の大手ゼネコンには、必ず創価大学の学生を採用する枠があるなどと言われているくらいです。

ただ、国土交通大臣を公明党から出すようになった背景には、１９９０年代に頻発したゼネコン汚職の問題もあると聞いています。

当時の建設省を舞台にして、多くの政治家やゼネコン関係者が逮捕され、いわゆるハコモノ行政への批判が急拡大した。そこで公明党の政治家というのは、汚職をしないから選ばれることになったんだと。

もちろん中には汚職をする人もいますが、発生確率のようなことを考えたら、はるかに自民党の政治家より低い。だからそういう公明党の政治家のクリーンさに期待して、自民党側もちょっと、公明党に頼んだようなところがあったらしいんですよ。

公明党の議員は非常に熱心に勉強しているらしい

小川　それでは、なぜ公明党の議員が基本的に汚職をしないのかというと、これはある元公明党国会議員に聞いたことがあるんですが、本当に選挙活動であまり苦労しなくていいからなんだと。
その人が最初に選挙に出た際、割り当てられた選挙区に行くと、もう地域の創価学会員たちが勢ぞろいして、すごいちゃんとした選挙対策本部をつくっていて、自分はようするにお神輿に乗っているだけ。それで勝ててしまう。

しかしそれゆえに、いかに議員バッジをつけているからといって、そういう地域の創価学会員たちを裏切ることは絶対にできないと、本当にそう痛感したらしいんですね。

そしてまた地域の支持者たちも、全然「先生、先生」とおだててくれるような感じではなく、「ちゃんと池田名誉会長のためにしっかりしなさいよ」と、プレッシャーをかけてくる。よくも悪くも議員個人のカラーなど出しようがなく、党本部の方針に従い続けるしかない。これでは汚職なんかやりようがないと。

そもそも政治家の汚職とは、票を権力やカネで買うような性格が少なからずあるわけですが、そういうことをする必要さえないわけですから。ただ、その人は言っていましたけど、「これでは議員にはなれても、政治家にはなれない」と。まあ、それが公明党議員の偽らざる実態なんでしょうね。

島田　もともと公明党の名前の由来からして、戸田城聖が言っていることなんですが、自分たちはお金がないので、公明な選挙をやろうと、そういうことで公明党になったんです。

ところがそのころ、「公明選挙運動」というものが、公明党とは関係なくあった。今でいう「明るい選挙推進運動」ですね。これは行政のスローガンです。ところが公明党ができてその名称が使えなくなって、いまの「明るい選挙推進運動」に変わるんです。

公明党で立候補者本人があまり活動する必要がないというのは、非常に大きなことだったと思うんです。それによって何が起こったかというと、公明党の議員は他党の議員に比べ、非常に熱心に勉強している。選挙対策を自分でしなくていいから、勉強する時間があるわけです。

だから官僚が何か新しいことをやろうとしたときに、自民党の議員よりもまず公明党の議員に話をしに行くと聞きました。公明党の議員のほうが、ちゃんと勉強して動いてくれるらしいんです。世襲議員もいないし、非常に真面目なんだと。

小川 ただ、すでにいろいろ話してきたように、いま創価学会の組織的な退潮というものが本当にひどくなって、これまで通りに公明党議員をがっちりと支えるようなことも、だんだん難しくなってきているんですよ。

それで創価学会側は最近、公明党の議員たちに「もっと自分たちで選挙区を歩いてくれ」みたいなことを、かなり言うようになったらしい。

実はそういう創価学会側の要望をよく聞いて、熱心に自分の足で歩き回っていた代表的な公明党の議員が、２０２２年に貸金業法違反で有罪判決を受けた遠山清彦元衆議院議員だったらしいんですよ。

あの遠山事件の構図って、自民党の政治家たちが「いまどき、自民党でもあんな無茶なことをするやつはいない」と言って驚いていたほどのもので、ある意味では遅れてきた利権政治家ですよ。

しかし、創価学会の衰退というものが、ああしたおかしな政治家を公明党に出現させる契機になっているのだとしたら、なかなか興味深いことだとは思うんですが。

第4章

公明党の影響力はどこまであるのか

結局は創価学会頼みのまま

島田　4章では、3章で触れた歴史的経緯を踏まえ、今後の公明党の問題について議論をしていきたいと思います。

創価学会2代会長の戸田城聖は、「青年よ、政治を監視せよ」という言葉を残しています。それを創価学会員は、公明党の議員をしっかり監視しないといけないんだと、そういう意味でとらえています。

実際に公明党の議員が悪いことをすると内部ではこっぴどく批判されるわけで、本当にちょっとした不祥事でも議員辞職に追い込まれる。他の党だと、離党した形にして責任をとり、それで議員を続けるということがありますが、公明党だとそれがない。離党は議員を辞職することに直結します。

そのように創価学会員が日常的に議員に向ける目というのは、とても厳しいわけです。だから議員も悪いことができない。公明選挙にならざるをえない。ただその代わり、創価学会員たちは本当に熱心に選挙活動をやってくれるわけです。

先に話に出た「言論出版妨害事件」のあと、公明党は創価学会と政教分離をしただけではなく、「大衆政党に脱皮しなければならない」という方針を掲げます。つまり、創価学会員以外にも支持者を広げていく、そういう方針が立てられたんです。しかし、現実にはそれがうまくいかなくて、結局は創価学会頼みのまま、今に至っていますね。

ただ最近になると、公明党の議員に対しても選挙区を自分で懸命に歩き回ったりして、創価学会頼みでない形での選挙活動をやるべきであるとの方針が出てきた。自分で後援会を作って、それで票集めをしろとまで言われるようになった。その結果、今までの公明党議員のあり方が徐々に変わりつつあるんです。

ただそれによって、先ほど話が出た遠山清彦氏の汚職事件に典型的に見られるように、自民党の議員などと同じようなことになるようなケースが出てきているわけですね。

そこで、そのような汚職や癒着といったことをどうやって防ぐのか、という根本的な方針を党が打ち出さないといけないわけですが、なかなかそれが見えてこない。そうなると、下手をすると不祥事が繰り返されることになるのではないんでしょうか。

小川　先ほども言いましたが、創価学会が最初に政界に進出していたとき、彼らは政教一致路線みたいなことを堂々と掲げていたわけです。もちろん、当時の彼らは本気でそれを目指していたとは思うんですが、本心のところでは別の思惑もあったようなんですよ。

例えば創価学会に限りませんが、戦前の日本では新宗教が弾圧されていた。だからそういう政治の思惑を牽制し、また弾圧されそうになるような機運の醸成を防ごうと、そういうふうに考えていた。そこで、創価学会に限らず、多くの新宗教団体が戦後、政界に進出していった側面はあったようなんです。

また宗教法人は原則として、都道府県知事の管轄です。いまは法改正があって、大規模な組織などは文部科学大臣の管轄になりましたが、かつての宗教法人創価学会は、本部がある東京都知事の管轄だったわけです。

創価学会が地方議会、特に東京都議会を、国政と同等かそれ以上に重視しているという話は有名ですが、その原因は、そういうかつての宗教法人法の構造にも由来しているわけです。

しかしながら、古い世代の創価学会員や公明党の議員ＯＢなどに話を聞くと、それも今は形がい化してしまっていると。

だいたい今、日本政府がいきなり宗教団体に弾圧を加えてくるような事態は想定しにくいですよね。例えば池田大作氏の国会証人喚問とか、やるにしてもどういう理由でやるんでしょうか、と。

宗教法人法の内容も変わって、現在の宗教法人創価学会を管轄しているのは文科大臣ですから、東京都議会をそこまで重視する必要性もないわけです。だからある公明党議員ＯＢに言わせれば、「特に確固たる目標もなく、現状維持のままズルズルとここまで来てしまったのが、今の公明党なんだ」と。

まあこれは現状に少し不満を持っている感じの人の言い方なので、鵜呑みにしていいものかどうかは分かりませんが、そういう側面もまたあるのではないかなと。

池田氏は政治的野心を失った

小川　また公明党はずっと「平和の党」という看板を掲げてきたわけですが、特に安倍晋三政権の期間中に、安保法制に賛成するとか、また「加憲」という概念を持ち出して事実上憲法改正に賛成するとか、どんどん右傾化していったとの指摘があります。もはやマスコミも、何の注釈もなく公明党を「改憲勢力」だとして扱っています。しかもそれが、はっきりと何か方針を変えるための決議を経て打ち出しているわけでもなく、本当になし崩し的に態度が変わってきた。

いったい公明党の理念とは何なのか、何がやりたい政党なのか、そういう疑問が出てくるのは当然だし、また公明党も答える義務があるように個人的には思います。

島田　言論出版妨害事件以降、創価学会は公明党と政教分離ということで、一定の距離をとるわけです。世間一般の人はそれでも一体というふうにとらえているかもしれないんですが、特にやはり、それまで行われていた創価学会の幹部たちがそのまま公明党候補として選挙に出ることをやめたのは、両者の距離を本当に大きく広げてしまった。

例えば公明党の書記長、委員長を務めた矢野絢也氏などは、「そこまでやる必要はなかったんじゃないか」といったことを、私との対談の際に語っていました（『創価学会　もうひとつのニッポン』講談社）。

政教分離違反と言ったって、別に訴えられて裁判でそういう判断が出たわけではなく、単に世間からの風当たりだけの問題だったと言えば、確かにそういう話だったわけですからね。だから、あそこまでの改革をやらなくてもよかったんではないかというのが、矢野氏の考え方になるわけです。

また、これも公明党の委員長だった竹入義勝氏がかつて新聞の取材で「池田大作氏とはどれくらい連絡を取っているのか」と聞かれて、「全然そんなことはしてません。何しろ政教分離だから」と答えている。

さらに言えば、こうした言論出版妨害事件以降、池田氏はそれまでの政治的野心を失った部分があるんじゃないかと思うんですよ。

公明党ができて、衆議院に進出した当初の段階では、創価学会も公明党も、自分たちで政権を取って、池田氏を首相にして、自分たちが中心になって国をつくるんだと、そういう考えをかなり明確に持っていた。だからそのころ、国会議事堂に池田氏が一度だけ来たことがあるんですが、そのときに竹入氏が「今度は総理としてお迎えします」と言ったそうです。そこには社交辞令的な部分もあるかと思いますが、かなり本気で、池田氏も竹入氏以下の公明党議員も政権奪取を夢見ていた。それは1967年、事件が起こる2年前のことになります。

1970年代中ごろには社会党に寄っていく

島田 しかしその直後に言論出版妨害事件が起こって、政教分離ということになった。また同時にそれと重なったのが、73年の第1次オイルショックです。それで高度経済成長が終わって、創価学会の入会予備軍たる地方出身の労働者が少なくなっていく。それまで万事イケイケドンドンだった創価学会に、教勢が伸びていかないという停滞の時期がやってくるわけです。

そしてほぼ同じころ、1972年のことですが、創価学会は日蓮正宗総本山の大石寺境内に、正本堂という巨大建築物を建てます。現代建築の粋を集めたような、巨大な建物です。6000席の規模で、これは現在の歌舞伎座の収容人員の3倍になります。それだけ多くの会員が大石寺に集まってくることがあったんですね。

もともと日蓮正宗の考え方として、広宣流布、つまり世の中の人々すべてに布教をして、その仕上げとして国家に「国立戒壇」という、自分たちの宗教施設を建てさせるんだという理想があった。正本堂も、本来ならそうした国立戒壇として建設されるべきものだったはずです。

創価学会の人たちはこの正本堂建設に本当に一生懸命になって、多額の寄付をする人たちも相当の数いたんですが、その念願の正本堂ができるということで、その反動で選挙活動が疎かになって、公明党の得票数が減るようなことが起こるんです。

また池田氏は建設の途中で、正本堂は国立戒壇ではないというふうに位置づけを変えてしまいます。それはもう、国立戒壇なんか実現できないということが、彼にはわかっていたことの証拠ではないかとも思うんですが。彼は正本堂を国立ではなく、民衆立と位置づけます。

ただ、そうは言っても正本堂は建ってしまった。ほぼ同時期に創価大学もできている。それで、言論出版妨害事件が起こって、公明党と創価学会の間に距離ができる。こういうような事件が１９７０年代に入るころに続発するわけです。

それ以降、創価学会の考え方が公明党の政策に、必ずしもストレートに反映されなくなるということが起こり始めます。というよりも、創価学会は政治を通じて何がしたいのかということが、よく分からなくなってしまった。

それで公明党のほうは一応政党ですし、それは政権を目指すというのが本来の姿ですから、なんとかその方向へ行こうという形でやるわけですけれど、その結果、１970年代中ごろなどは、社会党に寄っていくんです。

公明党は、これは仏教用語ですけれど中道ということを言って、自民党でもなければ社会党でもないという方針を訴えていたわけです。その上で中道と革新が連合するという政権構想を打ちたてるようになった。

しかし、その中身はもう完全に社会党寄りでした。日米安保の即時破棄、反大資本みたいな。そして公明党の党大会には社会主義国の大使とかが来て、労働組合の人たちも来てというような、社会党とあまり変わらないような状況になるわけですね。

ただ、それは創価学会の側が立てた方針であるかと言えば、まったくそういうものではなかった。この時期、創価学会が左翼的な方向に転換したというようなことはまったくありませんでしたから。公明党としては、社会党などとの連携に活路を見出すしかなかった。そうした方向性を考え、創価学会の了解を得ないままやったんではないでしょうか。しかし、中道革新路線はうまくいかない。その結果、公明党はだんだん自民党に近づいて保守化していくんですね。

「これは『三国志』である」

小川　自民党と公明党が連立を組むのは１９９９年のことですが、当時を知る関係者に話を聞くと、公明党サイドには「本当にそんなことをしていいのか」というような警戒感が、結構あったらしいんですね。

つまり当時、自民党と民主党という大きな２つの政党があって、これからは日本も二大政党制になるんじゃないかと、結構真剣に言われていた、そのタイミングで自民党と組むかという話が出てきた。その際、公明党は自民と民主の間で埋没するだけではないかという危惧が、それなりにあったというんですね。下手をしたら自民党に取り込まれて消滅してしまうと。

しかし、このときに池田大作氏の、ある指導があったようなのです。これは『三国志』である、と。

『三国志』というのは、古代の中国に魏と呉と蜀という３つの国ができて、戦う物語です。しかしこの３つの国の中で大きいのは魏と呉で、主人公的な立場の劉備の率いる蜀の国は、あまり大きくない。けれども、軍師・諸葛孔明の知略でうまくかき回していく。そのような話です。

これを例に取り、「公明党はこれからの時代、この蜀の立場を目指すんだ」というような話をしたらしいんです。まさに「孔明」は公明党だと。その知略と知謀でもって、巨大な2つの党の間でうまくやっていくんだと。そんなことを池田氏は唱えたのだと。

これは別に秘話などではなくて、当時の池田氏が広く言ってたことだそうで、公明党関係者の間では結構知られている話です。池田氏は『水滸伝』や『三国志』などの中国の古典が非常に好きな人で、しょっちゅうそういう本から引用した話をするんです。会員もそれに影響されて、『三国志』を読んでいる人がとても多い。

これは一見、何だか気概ある美しい決意表明にも感じられます。しかし、その後の公明党の歩みとも合わせて考えてみると、よくも悪くも策謀的な立ち回りが優先で、大義というか理想というか、党として本当は何がやりたいのかということが、ますますよくわからなくなっていくわけです。

島田　池田大作氏が『三国志』や『水滸伝』が好きだということですが、実は横山光輝の漫画『三国志』は、創価学会の関連企業である潮出版社から出ているわけなんです。
また、創価学会が運営元である東京富士美術館でも、２００８年に、「大三国志展」というのが開かれたことがあった。私も見に行ったんですけれど、これには創価学会の人だけではなく、一般の三国志ファンもたくさん詰めかけていて、結構盛況でした。

あと、創価学会の中には「水滸会」という組織がありました。将来有望な若手などを集めた精鋭部隊みたいな、そういう集まりを、『水滸伝』から名前をとった組織としてつくったわけです。

つまり池田氏だけではなく、創価学会員の頭の中では、そうした中国の古典の物語に出てくる英雄たちに自らをなぞらえる傾向がある。また、そういうことが彼らにとって一番わかりやすい行動原理になっているんです。

特定の思想、イデオロギーにもとづいて政治的な方針を立て、それに従ってやるとか、そういうようなことは創価学会はあまり得意ではない。庶民の集まりですから、そこが共産党と違うところでしょう。イデオロギーは通用しないけれど、『三国志』とかを持ちだすと、みんながパッと理解して、それに従う。このような構図が存在するわけです。

選挙に関心があっても、政治には関心がない

小川　ただ、いいのか悪いのか、多くの創価学会員にとっては、大義や理想を掲げることなど、どうでもいいんです。

先ほども話がありましたが、創価学会員の多くは、決して上流階級とは言えない庶民です。基本的にはそんなに学歴も高くないし、そもそも保守だ、革新だ、社会主義がどうなるんだとか、そういうことを考えている人たちは決して多くない。それよりも、尊敬する池田名誉会長に従おう、そして選挙で結果を出して、名誉会長に喜んでいただこうと、そういう考えがまず先に立つわけです。

実際にこういう政策を実現させたら世の中がどう変わるのかとか、そういう部分にはあまり関心のない人が大半なんです。よく言われることとして、「創価学会の人は選挙に関心があっても、政治には関心がない」んですよ。

例えば先ほど紹介しましたが、安倍政権下で安保法制がつくられた前後、「そんな

法案に賛成する公明党は、平和の党の精神を忘れて右傾化している」といって創価学会、公明党を批判する創価学会員のグループというものが現れたことがありました。これを朝日新聞などのリベラル系メディアが盛んに取り上げ、「創価学会はもはやガタガタである」などと、そんなふうにいろいろと報じたわけです。

しかし、安保法制が成立した後に初めて行われた国政選挙だった２０１６年の参議院議員選挙で、公明党はむしろ全国から集めた比例票の票数を、前回選挙の時よりも増やしているんです。これは最近では非常に珍しい現象だった。

もちろん「公明党の右傾化」というものに真剣に怒っている創価学会員は、いるにはいるんですが、まったくそれは多数派ではないということです。

ただそうは言っても、公明党の党勢が凋落する一方というのは、厳然たる事実です。

公明党が国政選挙で全国から集めた比例票の最高記録は、２００５年の衆議院議員選挙、いわゆる小泉郵政解散選挙の時に集めた約８９８万票です。それが、21年の衆院選では約７１１万票。だいたい15年ほどで、公明党に投票する人の数が１８７万人減ったという計算です。これは創価学会員の実数が減っていることも意味しているとは思いますが、もうひとつはフレンド票（F票）と呼ばれるものの減少でもある。

F票というのは、選挙の際に創価学会員たちが、別に学会員ではない友人や知人に頼み込んで、公明党に入れてもらう票のことを指す言葉です。よく、「選挙が近くなると、創価学会員の知り合いから電話がかかってくる」などといった話を聞きますが、まさにそれがF票取りの活動ですね。本当に熱心な創価学会員になると、1人でF票を100票ほども確保する人がいるといった話を聞いたことさえあります。創価学会は公称会員数827万世帯と発表している団体ですが、200万〜300万人くらいが実際の数字ではないかとよく言われている。ただ、そんな団体が選挙の際に全国から比例票を800万とか700万とかいった数、集めてきたわけで、いかにこのF票取りというのが重要な活動なのかがわかります。

しかしながら、そもそも2世、3世会員の非活、未活といった人々は、そんなF票取りの活動なんて、最初からしないわけです。つまり、熱心な会員が高齢化などの影響で減って、全創価学会員に占める非活、未活が増加するという話は、単に減った熱心な学会員の分の公明党票が減るという以上の問題なんですよ。それで実際、公明党の集める票の数は近年つるべ落としになっていて、下げ止まる兆候がほとんど見られない。

なぜそうなってしまったのか。まず、池田大作氏を熱烈に尊敬してきたような世代の会員が、高齢化でどんどん亡くなっている。そしてやはり、自分で信仰を選んだわけでもない2世、3世といった人たちは、基本的にそこまで熱烈な活動はしません。

また、先ほど「創価学会の人は選挙に関心があっても、政治には関心がない」という言葉を紹介しましたが、2世、3世になると学歴もあって、収入の高い仕事についているような人たちも割に多くいます。そういう人たちにとって公明党というのは何がやりたいのかよく見えてこない政党で、あまり応援する気にならないというんですね。

地方選において議員のなり手がいない

小川　あと、先ほど婦人部という存在が時代に合わなくなって、恐らくその影響でなくなったという話をしました。こういう創価学会、公明党のやり方が時代についていけなくなったことの影響というのが、いろんな部分で出てきている。

例えば今、特に都市部ではタワーマンションというものが非常にはやっていますよね。それであいうマンションは、たいてい入口にカギのかかったゲートがあって、住民以外は自由に出入りできない。宗教団体や政党の人が勝手に入ってピンポンして、「こんにちは。われわれの話を聞いてください」みたいな勧誘が、ほとんどできないわけなんです。

もちろん、これは公明党だけではなく、政党などはどこも困っている話です。実際、私の知っているある自民党の議員は、「選挙区内にタワマンができると、顔が見えず、まったく投票先も読めない票が５００～６００くらい現れる」と愚痴っていました。

そういうタワマンに住みたがる新住民というのは、基本的に地域の町内会などにも関わりませんからね。

さらにこれも公明党だけでなく、自民党でも旧民主党系でも困っていることなんですが、特に地方選において、議員のなり手がいないんですよ。だから特に過疎化の地方みたいなところでは、地方議会選挙が無投票で終わってしまうということも珍しくなくなった。実際に２０１９年の統一地方選では、無投票率（総定数に占める無投票当選者の割合）が過去最高の26・9％におよんだと報じられています。

今の若い人にとって、議員というのは特に魅力ある仕事でもなんでもない。公明党でも、地域の若い創価学会員にものすごく頼み込んで、やっと出てもらうような感じだそうです。そもそも、選挙に出るためには、例えばサラリーマンをしていたら基本的に辞めないといけないわけじゃないですか。

そしてまだ昔だったら、創価学会の組織力、団結力で絶対に当選が保証されて、何期も議員を務められて、最後は議員年金ももらって、まあ一生安泰かなという道筋もあったわけです。

しかし、先ほども話が出たように、今では公明党から立候補しても落ちてしまう場合がある。仮に1回か2回当選できても、十数年先に創価学会の組織がどうなっているのか、はなはだ心もとないわけで、変に選挙なんかに出ると、はしごを外されて無職で放り出される可能性すらある。まあ、あまり魅力のある話ではありませんよね。

これは国会議員のほうだと、昔はこれというエリート学会員に、池田大作氏が直接連絡を取って出馬をうながすこともあったそうです。そうなるともう問答無用なわけですが、今は当然そうしたことも行われていませんから。

団地部という組織が活躍

島田 タワマンの住民に対しての選挙活動が難しいという話が出ましたけれど、じつは創価学会の中には団地部という組織があります。

団地の政治性というのは、政治学者の原武史さんもよく言っていることなんですが、戦後の日本では、大きな団地において政治的な転換が起こるんですね（『団地の空間政治学』NHKブックス）。

最初、団地というのものは最先端の居住空間であって、まあ1960年代くらいまでは、国民の憧れの的みたいなものですらあった。当時、現在の上皇と上皇后がひばりヶ丘団地を訪問したときの写真が残っているんですけれど、それはやはり、最先端の場所だったからです。

その写真というのが本当に面白くて、2階のベランダにふたりが立っているんですが、他の階の部屋では洗濯物を干してるんですよ。今だったらこういう構図はありえないと思うんですけれど、当時の団地には活力があった、生活の匂いが強烈にあったことを、この写真は示しているのだと思います。

そのような団地に最初のころに入った人たちには、共産党の支持者が多かった。つまりは知識人、インテリですね。ところがそういう人たちは、所得が高まってくると団地から引っ越していき、その代わりに創価学会の人たちが団地に住むようになったんです。

ちなみに団地はマンション、タワマンとはまったく違う、出入り自由の世界です。下町的な人間関係、さらに言えば、村社会の人間関係が生きている。その点では地方の農村から出来てきた創価学会の会員にとっては居心地がいい。そこで、創価学会の中に団地部という組織ができるようになります。

創価学会にはいろいろ、こうしたセクションがあるんですね。医者でつくるドクター部とか。よく知られてるのは芸術部。芸能人が入っているところです。団地部もそういうもののひとつです。

団地部の活動というのはかなり活発で、それが『聖教新聞』でも大きく取り上げられることがあります。創価学会の会員がだんだん都市のなかの団地に住むようになったわけですが、それで団地が活動の拠点という感じになってきた。

団地では、みんなが固まって暮らしていて、出入り自由ですから、周囲にいろいろと声をかけやすい。そして、住んでる人たちも社会階層がどちらかというと低い人たちだから、創価学会と親和性が非常に高い。こういう形で、共産党から創価学会にという形で、団地における政治勢力が転換したということがあるわけです。

もう一つ、団地と同様に今は重要なものになっているのが離島部という組織です。今、創価学会員が唯一増えているのは沖縄方面です。その沖縄の中でも本島ではなくて離島、そういうところで増えてるんですよ。それは選挙の結果などから見ても明白です。南大東島では、衆議院議員選挙での公明党の得票数が、全体の過半数に達しているんですね。

やはり、中央政治の各政党の力が一番およばない地域ということで、そういう場所に現在の創価学会はウイングを広げている。ただまあ、その先ということになると、もうそれがないわけで、さらに掘り起こすのは、なかなか厳しいと思いますが。

自民党が公明党に見切りをつける日

小川　結果的にあらゆる関係者が否定して終わりましたけれども、２０２２年の終わりごろに、自民党が国民民主党を引き込んで自公国連立政権をつくるんだというニュースが流れました。繰り返すように、あらゆる関係者が否定して、今ではデマ扱いする人もいます。しかし、ああいう話はまったくの無根拠で出てくるわけでもないんですよ。

単にこれは数字合わせの問題で、現実として公明党が集める票が減り続けているわけです。自民党側として、「本当に未来永劫、公明党とだけ連立していて大丈夫なのか」と思うのは、当たり前の話です。

それで、創価学会のいろんな人たちが高齢化してるのと同じように、自民党側も創価学会と仲がよかった人たちは高齢化してるんですよ。例えば有名なのが、二階俊博氏。あとは大島理森氏あたりですね。ほかにも菅義偉前総理がいますが、岸田文雄政権になって自民党の主流から外れています。それ以下の世代で、公明党とのすごいパイプがある自民議員というのは、あまり聞こえてこない。

それでまた、岸田政権以降、自民党の幹事長を務めている茂木敏充氏は、あまり公明党のことが好きではないらしい。

茂木氏は生粋の自民党員ではなく、最初は日本新党から出馬して国会議員になった人です。その時代は選挙区で公明党と激しく戦っていて、そういう経験から公明党のことを信用していないというんですね。

実際、茂木氏はそれまでの自民党幹事長が行っていた、公明党幹事長との定期的な交流もやめてしまっている。明らかに現在、自公間のパイプは細くなっているわけです。

また先ほども言ったように、事実として公明党の集票力というものが落ちている。やはり特に衆議院議員選挙の小選挙区において、公明票が自民党候補をアシストする力は大きいと言われています。もし公明党が自民党に協力しなければ、自民党の衆議院議員は100人くらい減るという見方もある。

しかし、その構図も将来にわたって盤石なのかと言うと、どうもそうは思えない。自民党として、いつまでも公明党におんぶにだっこではいけないだろうというのは、むしろ正常な考え方です。ですから私は、この自公国連立構想というものは、まったく無根拠な、根も葉もないデマだとは到底思えません。むしろ「遂に来たか」くらいの感覚ですね。

もちろん今回の話は、ある種の観測気球だったんでしょう。しかし今後また数度にわたって同じような話が出てきて、出てくるたびに具体性を増していくんだろうと思います。

公明党は面白くないに決まっているでしょうが、じゃあ、どうやってそれを牽制、防ぐんだというと、かなり難しい。本当にこのままだとズルズル、自民党が公明党に見切りをつける日というものが近づいてくると思う。すごく大きな変化の流れが、いま出始めてきているわけです。

小泉純一郎、小沢一郎と公明党

島田　だから最近、自民党と公明党の選挙協力の現場では、いろいろもめごとが起こっているわけですね。

現に公明党からの推薦を蹴る自民党の議員とか、そういう人も現れている。もちろん、昔から公明党の推薦をあえて受けない自民党議員はいました。

例えば小泉純一郎元首相、その息子の小泉進次郎衆議院議員。彼らは親子2代にわたって公明党からの選挙協力を受けていません。それは地盤である横須賀で、小泉家が本当に強いからです。ただそうは言っても、小泉家として露骨に公明党を敵視して、挑発するようなことはしていなかった。

ところが最近になって一部で、そういう感じの態度で公明党の推薦を断る自民党議員が出現したりしているんですね。

そもそも最初に公明党が政権に加わったのは、細川護熙内閣の時代です。そのころは小沢一郎氏という政治家の力が非常に強くて、彼が策士としていろいろ動いて、非自民非共産の連立内閣というものをつくるわけです。

その一方で彼がやったのは、小選挙区制の実現なんです。衆議院議員選挙を小選挙区制にして、2つの大きく有力な政党が競い合って、それぞれが政権交代を起こすことによって政治の活力を生みだしていくという構想ですね。

これは小沢氏の父親だった元衆議院議員の小沢佐重喜も唱えていたことで、つまりは小沢家2代の信念みたいなことだったんです。それを、小沢一郎氏が実現した。

ただし完全な小選挙区制ではなく、比例というものが併存しているので非常に複雑なんですけれど、それによってやはり政党のあり方というものは変わらざるをえなくなった。それで少数政党というものが、いかにその時代を生き延びていくのかという課題が出てきたわけです。

単独では、どうにも力を持っていくことは難しいのではないか。ほかの党との選挙協力が、どうしても不可欠になる状況になってくるわけです。

細川内閣とは、いわばそういう形でできたものだったわけですが、それを継いだ羽田孜内閣は早々に倒れて、また自民党のほうも自社さ政権とか、社会党の村山富市氏が首相になるとか、いろいろ奇妙な形をとるようになった。

そうしたさまざまな紆余曲折の結果、小沢氏の率いていた自由党と自民党が連立を組んだ。そこに小沢氏は公明党を引き入れるわけです。そういうような3党の連立が1999年に成立するわけですが、自由党はその後、解党してしまって、結局自民党と公明党の連立という形になる。

この形がもう25年近くにわたって続いていて、一時期の民主党政権時代を除くと、ずっとその自公連立政権が日本の政治を担ってきているわけです。

創価学会員の自民党支持者化が進む

小川　ただ先ほども言いましたが、特に近年、その枠組みの中で公明党が手柄話として誇るのは、国民全員に10万円を配ったとか、軽減税率で食料品の消費税を8％に抑えたとか、東京の学校にクーラーを付けたとか、何というか全体的に大衆迎合、ポピュリズム的なことが多いんですよ。

実は安保法制や憲法改正など、そういう話に公明党は言われているほど熱心ではなくて、一番熱心なのは、本当に庶民にポンとお金を配るようなことを一番やりたがる。

ただ昔、公明党が地域振興券というものを提唱して、実際に政府が配りましたけれども、あれは本当に経済的な効果があったのか、いろいろな議論がある。軽減税率に関しても、税制の混乱を招いているだけじゃないのかとか、そういう意見がいわゆる専門家、経済学者みたいな人たちからたくさん出てきている。

本当にポピュリズム優先で、学問的な立場から見て意味があるのかどうかもわからず、突っ走っている。やはりこれは、あまりいいことではないんじゃないでしょうか。

島田　自公連立政権ができたときに、東京大学教授で政治学者の蒲島郁夫氏——今は熊本県知事になっている方ですが——がそのあり方を分析して、仮に今後、公明党が自民党を見限って民主党などの野党に鞍替えすることがあれば、自民党の議員はかなり落選してしまうだろうと、そういうことを言ったんです。

それは確かに正しい指摘で、世間に与えたインパクトも非常に大きかった。それによって自民党は、公明党をなんとか取り込んでいかないと政権は維持できないと、そういうふうに考えるようになった。

それで選挙協力を密にするというようなことをやって、小選挙区の区割もいろいろ配分をして、その結果、自民党の候補者が地盤を公明党に譲って比例に回るとか、そんなことも行われるようになるわけです。あるいは、小選挙区で立候補した自民党の候補者が、創価学会が選挙を支援してくれるので、「比例は公明党へ」と連呼するようになった。

その結果、これはいいことか悪いことかはわかりませんが、創価学会員の自民党支持者化みたいなことが進んだような気がするんですね。今となっては創価学会員は、公明党ではなくて自民党を支持しているのではないかと。つまり自民党の政策のほうが、公明党の政策より支持できるものになっている。

そもそも先ほどの話にもありましたが、今の公明党というのはそんなにイデオロギー的に強い政策を打ち出していないわけです。自公連立の枠組みの中で、政策的にどういう色の政治を望むのかと考えれば、結果として創価学会員も自民党支持という形になる。

ある意味ではそのおこぼれで、公明党の議員が国政に参加できているという、何かそういう形になっているんではないかなという気もします。だから、今や自民党の一番有力な支持母体は創価学会であると、そういうとらえ方もできるのではないでしょうか。

こうした事態になることは、１９９９年の連立当初には考えられていなかったと思います。小沢氏も考えていなかった。けれども、創価学会の人たちはもともと地方の農村部の出身で、田中派の地盤、越山会が勢力を広げていた地域の出身でもあるわけですから、政治的な姿勢としてかなり保守的で、自民党と親和性がある。逆に、労働組合に支えられているような野党とは相性がよくない。

創価学会を巨大な保守勢力としてとらえるならば、やがてそれが自民党を支持するようになってもおかしくはないわけで、仮に公明党が解党したり、自民党に吸収されるようなことになっても、創価学会の支持、支援は変わらないのかもしれませんね。

第5章

変わる、信仰のあり方

創価学会員が神社のお祭りに参加

島田　ここまで、自民党と公明党の連立政権について議論してきました。この連立は25年近くにわたって続いています。その結果として、創価学会の一般の日本社会に対する関係性が、最近かなり変わってきたと、私は思うんです。

以前は、いわゆる昔ながらの地域共同体に対して、創価学会は馴染まないと言われていました。創価学会員はあくまで自分たちの信仰が最優先だから、例えば典型的なところでは地域の神社にお参りをしないし、お祭りなどにも関わらなかった。だからかつて、地方では結構、創価学会員と地域の人々の間のトラブルというのが多かったんですね。

1980年代に、私は山梨県で山村の宗教の調査というのをやったんですけれど、そのときも村に生まれた創価学会員の人が、葬儀をめぐってほかの住民とトラブルになるという事件が起こって、それを住民の会社の上役が仲介して何とか収めたという話を聞いたんです。規模のそれほど大きくない村ですから、創価学会に入るような住民が出てくると、何かと軋轢が起こったわけです。

創価学会の人は、社員旅行や修学旅行で観光地の神社に行っても、鳥居をくぐらないとか、そういう話があるわけですが、そういうのと同じ話であるわけです。

ただ現在では創価学会もだんだん方針が変わってきて、これは他の宗教や宗派を完全に否定してしまう日蓮正宗と分かれたことも大きいと思いますけれど、信仰的にかなりファジーになってきている。ほかの宗教と対立するよりも、地域と融合しようという方向に転じてきています。

だから今では地域のお祭りなどにも創価学会員は参加しています。地域のＰＴＡとか、団地の自治会とか、そういうものにも積極的に関わるようになっている。創価学会の組織全体で、そういう方針を立てて、地域活動に本当に熱心にかかわるようになっている。

しかもそうした活動を、創価学会員たちは無償でやっているわけです。そういう姿を見ると周りの人たちも、「あっ、この人たちのおかげでわれわれは助かってるんだな」という意識がだんだん生まれてくるわけです。それによって、一般の人たちの創価学会に対する見方も、かなり変わってきているところがある。これは、浄土真宗の信仰が広まっている広島でも聞いたことで、真宗のお坊さんがそんなことを言っていました。

これはまだ学術的な調査とか、そういうものは行われてないので、ちょっとよくわからないところもあるんですけれど、状況に変化が出てきているのは事実だと思います。

そしてそういう流れの結果、地域において自民党員と創価学会員の区別があまりできないような、そういう場所も出てきているようなんです。昔だったら地域の顔役みたいな人たちが地元の神社の氏子総代とかを担って、それが選挙でも票のまとめ役とか、そういうことをやっていたわけですけれど、それの代わりをいま、創価学会員が果たしてくれてるみたいなことです。

そうなってくると、やはり地域の人たちも恩義を感じるわけですよ。そういう感じで、地域社会と創価学会との融和がかなり進んでいるという流れが生じています。

小川 本当にそうなんですよ。最近の創価学会は、地域の町内会などにすごく入り込んでいる。それはつまり、公明党の票田にするということなんですけど。

例えばこれは数年前ですが、公明党のある国会議員が自分の活動報告として、地域の神社のお祭りに参加している動画をインターネットにアップしたことがあったんです。その議員は地元の神社のハッピを着て、周囲の人たちと本当に楽しそうにお祭りに参加しているわけです。

一部の創価学会ウオッチャーの間ではちょっと話題になったことなんですが、今ではそこまで神社に関わっているわけなんですね。ほかにもやはり、地方のほうでは創価学会の助けがないと、お祭りの神輿を担ぐ人手を確保できないなど、そういう神社もすでに珍しくなくなっていると聞いています。

公明党が自民党票の差し出しを要求する

小川　このように創価学会の穏健化、融和化は進んでいるようなのですが、同時にここ4～5年くらいの間で自民党関係者からよく聞く話として、「公明党からの要求がいろいろと厳しくなった」というものがあります。

例えば昔、まだ池田大作氏が元気だったころなどには、創価学会には結構力があって、よく一般的にイメージされるように、各種の選挙では公明党が自民党を一方的に助けているという構図があったわけです。

ただ現在は、公明党の足腰が急速に弱ってきていて、特に地方選のレベルで、露骨に公明党が自民党票の差し出しを要求するようになっているというんです。

例えば議員というのはだいたい選挙区にいる支持者の名簿を持っていて、それを元にしてハガキを送ったり、実際に「こんにちは」とたずねていったりするんです。しかし、最近公明党の人たちが自民党の議員に、そういう名簿を全部見せろと強硬に要求してきて聞かないと。出さなかったら、もうお前の手助けはしないぞと。

ある自民党の国会議員はこの状況を、「もう完全にバーターだよ」と言っていました。今となっては特に公明党に助けてもらっている、恩義があるという感じはなくなってきたとも。そういうことも、先ほど話が出たような、最近自公の関係がうまくいかなくなっている理由のひとつだと思うんです。

島田 今は自民党も公明党も、お互いにジリ貧ですね。自民党の党員数はかつて500万人くらいいたんですが、それが今では100万人ほどしかいない。足腰が相当弱っています。
一方で、創価学会も弱体化が著しい。そういう状況の中で、お互いを支えあうというか、場合によっては食い合うような形に自公連立のあり方が変化している。そういう時代にいま、入ってきてるんじゃないですか。

かといって、立憲民主党が強いとか、日本維新の会がちゃんとしているとか、そういう感じでもないですから。どの党も、今いる支持者の外側にどうやって働きかけ、勢力を強めていくのかという方策を、ほとんど立てられなくなっているんですね。

そういう意味で、本当に組織選挙というものがやりにくくなっているわけです。

スター的な政治家がいない弱み

小川　ここまで創価学会、公明党の退潮をずっと話してきたわけですが、じつは、ほかの新宗教団体もひどいものです。

例えば2022年の参議院議員選挙で、立正佼成会は比例で推薦していた候補を1人も当選させることができませんでした。これは参院選が現行制度になってから初めてのことです。また宗教団体のみならず、労働組合や郵便局といった業界団体なども、本当に弱体化が著しい。

そういう時代になって目立つようになったのが、各種の選挙における、いわゆる地滑り的勝利というやつです。民主党への政権交代や、それを自民党が奪還したときの選挙などで顕著でした。

片一方の陣営に多くの票がザーッと動いたかと思うと、次はまた別の陣営にザーッと動くというような形。それの善し悪しはともかく、そういう選挙で力を発揮するのが、いわゆるスター的な力を持った政治家です。

小泉純一郎氏とか、鳩山由紀夫氏とか。ポピュリズム的だと言えば確かにそうなんですが、彼らが強いメッセージを発することで、特に組織に縛られてもいない個々の票がザーッと動く。実際にそういう形で、最近の日本の選挙は動いてきたわけです。

ところが公明党には、この種のスター的な政治家というのがいないんですね。徹底的に組織で選挙をやってきた政党なので。確かにみんな真面目で、勉強もしているのかもしれないんですが、カリスマ性があるような政治家はまったくいない。

島田 創価学会のライバルだった共産党も同じですよね。相当にジリ貧で、創価学会以上に党の勢いは落ちている。『赤旗』の購読者も減ってるわけです。

何とか打開しなければいけないんだけれど、党として状況を変えることができない。実際、スターになりうるような共産党の政治家はいないわけです。さらに、共産党が政権与党の反対票の受け皿になるという時代も過ぎ去っている。かつては、別に共産党を支持しているわけではないけれど、自民党が気に入らないということで共産党に投票する人はいました。そういうこともほとんどなくなっていて、共産党は浮動票を集められなくなっている。

つまり今の日本は、誰が誰を支持しているのかということが、ほとんどハッキリしない。いわば一億総無党派というか、そんな感じになってしまっているわけです。それで無党派層は気まぐれなので、時にＮＨＫ党とか参政党とか、そのような新興政党に投票する人も出てくる。

もとの上部団体だった日蓮正宗の特殊性

小川　このような時代状況の中で、公明党はイデオロギー的、思想的に何がやりたいのかが、よくわからない集団になってしまっているわけです。

さらには、創価学会そのものが、「あなたたちの教義って、いったい何なんですか」

と問われると、たぶん答えに困るような状況なのではないかとさえ思う。真ん中がもう「空っぽ」という感じです。

島田　宗教というのは本来、目標を立てるということが難しい組織でもありますよね。企業みたいに業績を伸ばしていくという目標が、信者を増やしていくということ以外に、ほとんど設定できないですから。

多くの戦後の新宗教は、信者を増やすということにかなり力を入れて、現実に高度経済成長の時代には急速に伸びていったわけです。伸びているときには、まあうまくいくわけですよ。仲間も増えていくし、自分たちの力もどんどん大きくなっていくと感じることができて、それが布教のエネルギーにもなれば、武器にもなった。

しかし、そうやって伸びたからといって、「じゃあ、宗教団体として何を実現するのか」ということになってくると、そこのところが難しい。

創価学会の場合は、そこで政界に進出することによって、特に国立戒壇建立ということを目標に掲げた。しかし、その国立戒壇なるものの中身がハッキリしないし、何をどう建てたら国立戒壇になるのかがよくわからない。

例えば、国会で議決すればいいのかという話になれば、公明党単独で議席の多数を占めることができない以上、結局は実現不可能なんじゃないかということになる。そうなると、一体何のために、ここまで布教活動を展開して、組織を拡大してきたのかという、目標がわからなくなってしまうわけです。

小川　特に創価学会の場合、もともとの上部団体だった日蓮正宗に、やはり問題があったわけなんですよ。先ほども少し話が出ましたが、日蓮という、影響力の非常に大きな僧侶が鎌倉時代に存在し、日蓮宗をつくった。その日蓮には6人の高弟、六老僧という人たちがいて、そのうちの1人、日興という僧侶の系譜が日蓮正宗になるわけです。

その意味では、日蓮正宗は歴史ある伝統宗教で、別に最近誰かが急につくったわけではないのです。しかし、一般的な日蓮宗とも全然違うんですよ。

まず日蓮本仏論といって、日蓮という人はお釈迦様より偉いと、そういう考え方を取ります。それはちょっと、ほかの仏教の宗派ではありえない。何宗であっても、基本的にお釈迦様というのは非常に偉いんですよ。少なくとも、お釈迦様はその宗派の開祖より格下だなどと言っている教団は、原則としてありません。そしてこの日蓮本仏論は、日蓮自体がそんなことを言った形跡のない考え方なんです。

そして、これも先ほど話に出た、日蓮正宗総本山・大石寺の本尊がまた特殊なのです。通称「板曼荼羅」といって、板に「南無妙法蓮華経」の文字が彫られたもので、日蓮が作ったということになっています。日蓮正宗ではこれが、いろいろな仏像などよりも一番価値があると考えるんです。

しかし、これも本当に日蓮が作ったものかどうかはよくわからなくて、日蓮本人からも「この板曼荼羅が一番偉い」みたいな発言は、はっきりと確認できない。

ただ日蓮正宗はこのような考え方を根本において、広宣流布と国立戒壇建立、つまり世の中の人々すべてに布教をして、国家権力に自分たちの宗教施設を造らせるという、そのほかの日蓮系教団は放棄していった考え方を20世紀に入っても保持していた。

つまり、ほかの日蓮系教団の教えとは整合性がとれないようなことをずっと言ってきたのが、日蓮正宗なんです。そして、すでにお話したように、創価学会はここの下部組織、信者たちがつくった在家集団として、まず発足するわけです。

創価学会の寄進で大きくなった日蓮正宗

島田　このような極端な教義を持つということもあって、日蓮正宗自体はもともと小さい教団だったんですね。日蓮系教団の中で、日蓮正宗の占める比重はあまり大きくありませんでした。富士門流という名前からも分かるように、基本的には富士山麓にある大石寺の周辺くらいにしか存在していなかった。

その大石寺系の、東京にあった日蓮正宗の寺に、創価学会初代会長の牧口常三郎が勧誘されて入信したところから、創価学会の歴史は始まるわけです。教学的に創価学会の教えの基盤は日蓮正宗で、自分たちで何かをつくり出したわけでもありません。座談会というのは、牧口が考えたことで、それが創価教育学会でも、戦後の創価学会でも、組織を運営していくための基盤になったということはあるわけですが。

牧口という人も、それから2代会長の戸田城聖という人も、日蓮正宗の教学をいかに広めていくかという方向で動いていたわけです。それがたまたま時代の勢いに乗ってしまって、創価学会は急速に、ある種のブームとして広がっていくんです。

それで、日蓮正宗の教義がそもそも特殊ということもあって、創価学会は「日蓮正宗さえあればほかの宗教はいらない」と、そういう感じで非常に攻撃的な活動を展開していくわけです。

しかし、そういう布教の上での強い姿勢がまた、組織の急拡大とうまく結びついた。それで創価学会は日蓮正宗にいろいろな寄進をしたのです。例えば先ほども話が出た正本堂のような巨大建築物も建てた。その結果、日蓮正宗はどんどん立派になって、創価学会もまたそこで、自分たちが信奉し、支えている日蓮正宗が立派になれば、自分たちもすごいんだと、そんなふうに思うことができるという構造だったんですよね。

このように、日蓮正宗はそもそも小さい教団だったにもかかわらず、創価学会の寄進によって全国各地に寺を増やしていったんですけれど、１９８０年代くらいになると、創価学会の勢いが止まって、お金もなくなってくるんですよ。

当時の池田大作氏の証言というものが残っています。「創価学会には実はお金がないんだ」と、そういうことをバブルの始まったころに割とはっきり言っているんです。それで当然、創価学会から日蓮正宗に流れるお金が減っていくんですが、そこから両者のケンカが始まってしまう。

もちろんバブル景気に突入すると、創価学会にも再びお金が入り始めます。会員たちの経営している会社などが儲かって、それが献金という形になって、ものすごいお金が入ってきたんです。

創価学会員が教団に対して毎年一度12月に行う寄付を「財務」というんですが、これだけで年間数千億円とかに上った。そういう時代になるわけです。ただ、そのときにいろいろな不祥事が起こる。

1億円くらい入った金庫がゴミの中から発見されて、それが創価学会系企業のものだったとか、高価な美術品、絵画をめぐる取引に創価学会が関係して、お金がどこかにいってしまうとか。そういうような事件が1990年代に頻発しました。

対立、そして別離の真相

小川　日蓮正宗側から見ると、そんなくだらないことにお金を使っているなら、うちにもっと流せという態度になるわけです。

ただ、本当に日蓮正宗それ自体は小さな教団で、確かに創価学会の上部団体だったのですが、そこが自らで稼いでいるとか、たくさん人を抱えているとか、そういうものではなかったのです。そこでだんだん創価学会の側にも、やたらと寄進を求められることへの不満がたまってくる。

また先ほど話が出たように、創価学会は日蓮正宗に寺を寄進することをしていたんですが、同時に創価学会の会館も全国各地に建てていました。それが日蓮正宗にとっては、寺より会館を優先してるというふうに見えたらしいんですね。

そしてスパイじゃないですけど、創価学会内で行われている池田大作氏の講演内容などを調べてみたら、日蓮正宗に対する不遜な発言があったとかで、ますます対立が深まり、それで結局両者は訣別してしまうわけです。

島田　初代の牧口常三郎が日蓮正宗に入信したときに、その弟子である2代目の戸田城聖も、一緒に日蓮正宗へ入信しています。そしてこの2人は、日蓮正宗と非常に親密な関係を築いていました。

しかし3代目の池田大作氏は、それより遅れて戦後、戸田の弟子として日蓮正宗と関わった人で、また創価学会では当初、実業部門の担当だった。そういう意味では、もともと日蓮正宗に対する信仰心は薄かったんではないかと推測できます。

ただ創価学会と日蓮正宗の紛争の中で焦点になったのは金の話だけではなく、創価学会員の子弟が日蓮正宗の僧侶になったケースが多かった、ということに起因する問題もありました。その日蓮正宗の僧侶になった創価学会員の子供たちのなかには、創価学会に対して非常に批判的になっていく人間たちもいました。

「仏教では僧侶の方が偉いんだ。創価学会は在家集団なんだから、日蓮正宗に従っていればいいんだ」と、そういう意識が働くようになったんですね。そして、「創価学会批判を最も激しくするのが、創価学会出身の日蓮正宗僧侶」という構図もできあがって、それでかなり対立が深刻化したんです。もっとも、学会寄りの僧侶たちもいて、日蓮正宗から離脱する場合もけっこうありました。

ただまあ、結果として創価学会は日蓮正宗と分かれてしまった。では創価学会としてどう再出発するのかというときに、あまり教えの部分については真剣に考えた形跡がないんですよ。先にも話したように、とりあえずは葬儀をどうするのかが一番の課題になって、僧侶を呼ばず、戒名も授からない友人葬を導入するわけです。

また創価学会は日蓮正宗との紛争の最終局面において、日蓮正宗という教団そのものよりも、先ほども話が出た当時の同宗トップ、阿部日顕師を槍玉にあげたんです。当時の聖教新聞などにやたらと出たフレーズが日顕宗というもので、「とにかく阿部が悪いんだ、こいつがぜいたくしてるからダメなんだ、そういうやつが牛耳っている日顕宗を倒すんだ」と、そうした論調の記事が連日のように出ていた。

そんな個人批判がメインで、実は日蓮正宗の教学に関しては、特に批判の対象にしていないんです。日蓮正宗と離れながら、日蓮正宗そのものは批判していないという、そういう奇妙な構図になっていったんです。

教義改定に力を入れなかった池田大作氏

小川　最近、本当にここ数年くらいの間に、さすがに創価学会としての教義改訂というものを行って、日蓮正宗教学から離れようとしている形跡はあるんですよ。

例えば板曼荼羅に関して、ああいうものはもう拝まないとハッキリ表明しました。しかしだからといって、そういう発表を見て会員がすさまじく動揺するとか、そんな動きはほとんど観測されなかった。そういう意味では最初から、そういう次元で動いている教団ではなかったのかもしれないんですが。

島田　一部の会員は、そのあたりを非常に大きく問題にして、議論していました。しかし、本当にそれはごく一部の動きですね。多くの一般会員にとっては、板曼荼羅がどうこうとかの話は、ほとんど興味関心がない。

池田大作氏自身も教学を整理するといったことより、1970年代ごろから諸外国への訪問、民間平和外交路線に力を入れていきます。会長としてのSGI（創価学会インタナショナル）の活動ですね。

その活動の中で池田氏は海外のさまざまな要人たちと会談しました。なかでもイギリスの歴史家、アーノルド・トインビーとの対話は、池田氏の業績のなかでも非常に重要なものだったと、創価学会は強調しています。

この池田・トインビー会談は『二十一世紀への対話』というタイトルで本にもなっているんですが、池田氏はほとんど、日蓮仏法についての話はしていないんですよ。いわば日本から来た一般的な仏教の思想家というスタンスで、トインビーと対談をしているんです。

この池田・トインビー会談は創価学会のインテリクラスの会員にとっては今でも非

常に大きな指針になっていて、その影響は大きいんですけれど、その中身は別に日蓮仏法ではない。だから池田氏の方向性としては、日蓮のことを捨てるわけではないけれども、自分はもっと幅広い活動をしていきたいという、そういう進み方をしていくわけなんですね。

小川 池田氏はほかにも、ソ連の最高指導者だったミハイル・ゴルバチョフやアメリカを代表する国際政治学者ヘンリー・キッシンジャーなど、錚々たる外国の要人との会談を重ねています。その内容はたくさんの本になって出ました。ただ本当に多少は仏教の話をしているものの、基本的には国際平和関係論みたいな内容のものが多いんですよ。

島田 それで、そのような外国の要人と会って話す際に、ある意味で便利だったのは、新宗教団体のトップというものよりも、創価大学の創立者という肩書でした。

池田氏は宗教家というよりも、教育家としての顔で海外を飛び回っていた感じが強い。そうやって海外の多くの大学と協定を結んで、学者に会って、名誉博士号などももらっていく。それが池田さんなりの、自分と創価学会を世界に広めていくための戦略だったんでしょう。

偽書が出典というものが結構多い

小川　話を日蓮の教えに戻します。

最近、宗教と政治という文脈で、神社というものが非常に悪く言われることが多くなっています。いわゆる自民党を支える宗教右派で、戦前の大日本帝国が行った悪いことは、かなりの部分、国家神道体制に責任がある、といった言説です。

それは決して間違った話でもないんですが、ただ満洲事変とか2・26事件とか、そうした出来事は、じつは日蓮主義を抜きに解説することは難しいんです。

満洲事変や2・26事件の関係者に強い影響を及ぼした石原莞爾や北一輝などは、もうバリバリの日蓮主義者です。彼らの思惑が日本を戦争への道に走らせていった側面は否定できません。

八紘一宇というのも、本来は日蓮主義から出てきた言葉ですからね。神道の言葉だと思ってる人が多いんですが、必ずしもそうではない。そして、創価学会も日蓮主義の団体であることは間違いがないんです。

この日蓮主義というのは、確かに深くて面白いものなんですよ。この21世紀の現代でも、いわゆる政治青年みたいな人が日蓮の著作を真面目に読んだら、引き込まれてしまう可能性が大いにあると思う。全然、古臭いものでもないですよ。

日蓮の思想には、よくも悪くもそういう強い政治性みたいなものが確実に存在していて、やはり同じ鎌倉仏教の名僧と言っても、法然や道元などとは、まったく異なるタイプの人物です。

島田 日蓮は、法華経の正しい教えが世の中に広まらないと日本は滅びるということを、生涯にわたって説き続けた人です。

彼は最初に法然の浄土宗を敵対視した。だんだんその範囲が広がっていって、密教の批判も始め、また鎌倉幕府の公的な宗教でもあった禅宗の批判も行います。

また、日蓮はもともと天台宗の人なんですが、その天台宗の中に密教が入っているので、その元凶である円仁という僧侶を批判します。つまり自分以外の宗派はみんなダメだと、そういうことを強く打ち出していきました。日蓮のそうした考え方を要約したのが「四箇格言」というもので、それは、「念仏無間、禅天魔、真言亡国、律国賊」とされています。法然の説いた念仏の教えに従ってしまえば、地獄のなかでももっとも過酷な無間地獄に堕とされるなどというわけです。

日蓮は、そうした自分の思想について、膨大な文書を残しています。これは、一般の日蓮宗では「遺文」と呼ばれますが、日蓮正宗や創価学会では「御書」と呼びます。これだけ自分で書いたものが残っている宗教家というのも実は珍しい。書状も多いので、日蓮がどういう考え方の人間だったかもかなり分かります。しかもその文章がうまいんです。

特に身延に、幕府の圧力があったようで、なかば隠棲していた時代には、各地から信徒が食べ物などを贈ってくれた。金も送ってくれるのですが、書状はそのお礼状の体裁をとっていて、併せて、そこから教えを説いていく。たとえ話も使っているのですが、二度と同じ話は使わない。それだけ、信者のことを考えていたとも言えます。

日蓮正宗の場合には、そういう日蓮の、彼が言う御書も大切にしているんですが、それ以上に、弟子の日興が日蓮から聞いた話を書いたとする文書も、重視するんです。その代表的なものに『御義口伝』というものがあって、日蓮正宗や創価学会はこれをかなり大事にしている。

しかし、その『御義口伝』は文章はひどいし、内容も一方的で、あまり深くない。

そして、日蓮正宗以外の研究者たちはほとんど全員、これは偽書だと言っていて、それが通説です。私も目を通してみました。私は9年間にわたって日蓮の遺文を読む勉強会に出ていたので、日蓮の文章には慣れ親しんでいます。その経験からしても、とうてい日蓮が書いた、述べたとは思えません。

しかし日蓮正宗の人たちは『御義口伝』は非常に重要な日蓮の言葉なんだという立場を貫いていて、創価学会もそれを踏襲しているんです。現在でもそうですね。最近でも、池田氏の『御義口伝』についての講義が、これは昔行ったものですが、月刊の機関誌である『大白蓮華』に連載されていたりします。

ほかにも創価学会が聖教新聞などで日蓮の御書を引いてくるときには、偽書であるものが結構多いんです。むしろそちらに重心がおかれているようでもあります。

日蓮が自身で書いた文書のことを「真蹟」と言います。それは日蓮自身が書いたのが、そのまま残っているもののことです。さらに、明治時代に日蓮宗の総本山である身延山久遠寺が火事になるんですが、その火事で焼けてしまった真蹟を「曾存」と呼びます。「かつてあった、かつて存在した」という意味ですね。これが第2のカテゴリー。それから3つめが写本なんです。

写本の中にも「これは正しい」とされているものはありますが、偽書がかなり含まれている。その偽書を創価学会が今でも用いていて、結構そこが困ったことなんです。日蓮の思想と言えないものが、日蓮にもとづくとされているわけですから。

教義の問題を根本的に突き詰めていない

小川　先ほど話が出た板曼荼羅などの話とも共通しますが、現時点ではおおむね「これは偽物ですよ」という学問的な結論が出ているものを、創価学会は今なお平気でズラズラと機関紙類に載せていて、全然改訂されていない。その基準は、日蓮正宗ではそれを本物とみなしているからです。

こうなると、「いったい何のために創価学会は日蓮正宗と分かれているんですか」と問いたくなるのは、私だけではないでしょう。離れているんだったら、もっとフリーな立場で、ちゃんと外部の仏教学者なども呼んで、創価学会なりの教学を再編成するとか、そういうことをやるべきなんじゃないでしょうか。

島田　それで日蓮正宗の場合は確かに偽書を使っているんですが、結構難しいことをいろいろと言うわけです。難解な仏教用語を用いながら、それによって何とか自分たちなりの理論武装をしようとする傾向がある。

ところが創価学会の場合、日蓮正宗と決別して以降、特にその傾向が顕著になってきていますが、教義について言うことがどんどん単純化されてきて、「ただ信心を強く持って題目を唱えることこそが、生活上の困難を打破していく一番肝心なものである」と、そうした方向性になっている。

それを創価学会では「宿命転換」とか「人間革命」とか呼ぶわけですけれど、そういう方向に教義の話が集約されてしまって、ただ信仰さえ持って題目をあげ、勤行をしていれば自分たちは正しい生き方ができる、苦難に直面してもそれを乗り越えることができると、そんなふうに単純化されているのです。

小川 つまり、「選挙は好きだけど、政治には関心がない」みたいな話と同じですよ。

教義の問題を根本的に突き詰めていくというより、池田大作先生は素晴らしい方で、そのご指導をいただいて公明党を勝たせましょうと、そういう話ばかりが創価学会の活動の中心になってしまっている。しかも組織の側がそういうことをただ都合よく使って、「そうはいっても、ちゃんと教学の研鑽をしましょう」というような活動を、真剣に進めてこなかったわけです。

そしていま、社会状況の変化によって組織にガタがきはじめている。肝心の池田氏も表に出てこない。まあ、広い意味では自業自得なのかもしれませんが。

もはや池田氏を受け継ぐ人物はいない

島田　その中で、創価学会の正しい信仰というものは――これもちょっと日蓮正宗的な考え方に近いんですが――牧口・戸田・池田という3人の先生に正しく受け継がれているると、そういうことを言っています。日蓮正宗では、それは法主に受け継がれているんだと、そういうことを強調してきましたから、同じような理屈ですね。

しかし、その流れも池田氏で終わりなんです。それを受け継ぐ後継者は現れようがなくなっているし、現実に出てきてもいない。もう池田氏以降は、創価学会に宗教指導者は現れない。現れないことが前提になっている。

イスラム教でムハンマドが最後の預言者になっているように、最後の先生が池田氏なんです。ということは、もう今後は指導者が現れることはないということです。創価学会自体が、その道を封じてしまった。

小川 繰り返しになりますが、やはりちゃんと偽書みたいなものを整理して、使う経典類を洗練させて、創価学会をきちんとした日蓮主義的な団体に再脱皮させる。いい意味でも悪い意味でも、もう日蓮正宗とは関係がないんだから。これが組織を立て直す正攻法だとは思うんです。ただ短期的に見た場合、そういうことをする組織的なメリットがあまりない。一般的な創価学会員は、そういう教学的な話を特に重視していないですから。

もちろんそういうことを放置しておいたら、長期的には、例えば10～20年後あたりには、もう本当に組織はダメになっているんじゃないかといった意識は、創価学会の幹部たちなどにはあると思います。しかし目の前のことを考えたら、ひとまずみんなで選挙を頑張りましょうよと、そういう人たちが大半だと思うんですよ。

そういう現状に対して、「そんなことではだめだ」と強く言って立ち上がるような人もいませんし。

島田 折伏を激しくやっていた時代は、ほかの宗教の信仰を持っている人たちを論破しないといけないわけで、自分たちの教義への関心を持たざるをえなかった。ですから、これは私も実際に会ったことがありますが、『御書全集』を全部暗記しているような創価学会の会員もいました。しかし、今はもう折伏活動は低調で、創価学会員の間に、ほかの宗教の教義への関心などはないし、それはひいては、「自分たちの教えがどういうものか」ということについての関心もなくしている気がします。

小川　今でも創価学会の機関紙類には、池田大作氏が会員のために日蓮の言葉を説明してくれるコーナーみたいなものがあるわけです。しかし読んでいる人の最大の関心は、日蓮ではなくて、「池田先生が私たちに語りかけてくれている」という魅力だと思うんですね。

島田　その池田氏も、会員たちの前から消えてしまい、いっこうに姿を現さなくなった。指導者不在の状況が続き、それは永遠に解消される見込みがないわけですね。

第6章

開かれた宗教として大転換を図れるか

SGI＝世界に広がる創価学会？

小川　ここまで述べてきたように、創価学会という宗教団体の未来に暗いものしか見えてこない昨今ですが、そんななかで彼らが近年、力を入れて発信しているスローガンに「世界に広がる創価学会」というものがあります。

文字通り、「いま諸外国に会員が広がっているんだ」という主張で、公称によれば現在、創価学会の海外信者はすでに280万人に上っているそうです。

ただ、実は私の知り合いのアメリカ人でそのSGIの会員だという女性がいるんですが、ちょっと日本の創価学会員とは雰囲気が異なるんですよ。

もう70歳近い年齢の方なんですが、もともと日本文化に関心があって、ただ昔はインターネットもないものだから、アメリカ国内で日本文化を学べる場所をいろいろ探していたら、それがSGIだったというのです。まあたしかに、日蓮主義は日本の伝統思想の一つですからね。

ただその人にはまったく過激な印象がなく、SGIに入っているのも、まさに日本趣味を満たすための一環でしかない感じでした。池田氏については「私たちの友人だ」と語っていて、「先生、先生」といって熱狂的に尊敬している感じでもありませんでした。

何より彼女はユダヤ人で、ＳＧＩの会員でありながら、ごく普通にユダヤ教の教会にも通っているんです。

どういうことなのかと聞いたら、「日本人は神社にも行くし、お寺にも行くでしょう。私にとってユダヤ教は生まれながらの宗教で、神道みたいなもの。ＳＧＩは自分で選んだ仏教だ」みたいなことをサラリと言ってくる。まあ、そういう日本の社会事情にも通じたインテリっぽい人でした。本当にどうにも、日本における一般的な創価学会員とは趣が異なるんですよ。

島田　イギリスやアメリカのＳＧＩ会員に関しては、社会学的な調査があるんですけれど、所属する社会階層が日本と比べると高いんですね。まさにインテリというか、知的な人たちが入会していて、活動の中身もかなり日本とは違うのです。

ただやはり、池田氏に対する敬愛の念が強い海外の会員もいます。

これはまだ池田氏が元気なころの話ですが、創価学会の本部幹部会が各地の会館で同時中継されていて、私もそれを何回か見に行ったことあるんです。だいたい池田氏は途中から出てくるんですけれどね。そうすると会場の雰囲気がガラッと変わる。それが画面からも伝わってきて、中継を見ている支部会館の空気も変わる。まさにカリスマの登場です。池田氏の話を聞くということだけがみんなの関心の中心になるという、そういう感じなんですね。

あるときに、SGIの会員であるイギリスの俳優、オーランド・ブルームが登場したんです。たまたまそのとき来日していて、本部幹部会に顔を出した。それで彼は池田氏に会って、もう本当に感激している。そういう感覚というのは、海外の会員でも持っている人はいます。

なぜ中国やロシアを非難しないのか

小川　先ほども話が出ましたけど、やはり池田氏は本当にある時期から、すごく海外志向みたいなものが強くなっていくんですよ。世界を歴訪して、さまざまな要人と会う。そして平和のメッセージみたいなものを発する。

最終的には「ガンジー・キング・池田」などという言葉まで生まれた。つまり池田氏はガンジーやキング牧師と同格で偉いと、創価学会内ではそんなとらえ方になっていくわけです。今でも「池田先生はノーベル平和賞の有力な受賞候補者である」みたいなことを言う会員の方はザラにいますからね。

池田氏が広く世界を歩いてきたことは事実ですし、いろいろな人脈があるのもウソではないとは思います。しかし結局、その民間平和外交みたいなものが、実際の国際情勢にどういう影響を与えているのかと考えると、どうも釈然としない。

池田氏が特に親しく行き来した国に、中国があります。周恩来や胡錦濤といった要人とも会談した記録があり、何より日中国交正常化交渉の際、池田氏は公明党に指示をしてそれをさまざまな形でサポートしたという事実もある。

ただ、現在の習近平体制というのは非常に覇権主義的で、国内政治では独裁色を強めていて、特にチベットやウイグルへの弾圧政策は世界から批判を浴びているわけです。ところが創価学会は全然、そうした問題について中国を批判しない。

チベット問題というのはチベット仏教への弾圧問題であって、同じ仏教教団である創価学会として、言うべきことはあると思うんですよ。ただ創価学会は中国と「友好的な交流」を重ねるだけで、まったく中国にとって不利になるようなことをしないんですね。

さらにロシアに関しても、池田氏はゴルバチョフや大統領だったボリス・エリツィンに会うなど、親密な交流を続けてきた国です。ところが２０２２年からのウクライナ侵攻について、創価学会は強くロシアを非難するとか、そういう態度には出ていません。

この問題について池田氏は一応、23年1月に「ウクライナ危機と核問題に関する緊急提言」なるものを発してはいるんですが、その中身は「国連による関係国会合を開催し停戦合意の早期実現を！」などというものです。それができれば苦労はないというような、空想論でしかない。

このウクライナ侵攻はウラジーミル・プーチン露大統領の明確な侵略行為であって、ロシアは強く非難されるべきであるというのは、国際社会のひとつのコンセンサスではないかと思うのですが、そういう視点は池田氏の提言にまるで含まれていません。

このような世界の危機に際して、「パイプがある」と称する国に厳しい直言ひとつできない。これではいったい、池田氏は何のために世界を回っていたんでしょうか。

あえて言いますが、池田氏の民間外交なるものは、結局世界各国の要人、つまりは体制側の偉い人に会って自分の箔付けにし、それらの国々から勲章をもらったりするためだけのものだったようにすら思える。ＳＧＩの活動というのも、そういう視点に立つと胡散臭い平和主義にしか見えないわけですよ。

島田　創価学会の平和主義ということで言えば、２代会長の戸田城聖は１９５７年に原水爆禁止宣言というものを行います。創価学会ではそれを行った日を記念日にもしているんですが、このときの戸田の言葉というのは、「（核兵器を）使用したものは、ことごとく死刑にせねばならん」ということなんです。

かなり過激な言い方なんですが、これを特に最近の創価学会は正確に伝えていないところがあります。ただ「原水爆禁止宣言というものを戸田会長が昔、行いました」と、それくらいしか言わないんです。やはり事実というものを正確に伝えていない。

また同じ年には、池田大作氏の大阪事件というのも起きた。参院補選で創価学会候補の選挙活動中、池田氏が公職選挙法違反で逮捕されて、裁判にかけられるわけです。池田氏ともう一人の幹部は無罪になるんですが、ほかの運動員たちは有罪になって、その有罪になった人たちは創価学会を除名された。そのような事件なんですが、創価学会ではただ「池田氏は無罪でした」ということばかりを強調する。じゃあ、その選挙で創価学会という組織は清廉潔白だったのかというと、そんなことはまったくないんだけれど、そういう話は表立ってしないのです。

池田氏の不在期間があまりにも長すぎた

小川 先ほども言いましたように、今の創価学会は抜本的な組織改革を目指すというより、本当に目先の話ばかりにとらわれているんですよね。ただまあこれは、最近の東芝とか、かつての日本陸軍とか、そういう末期症状に陥った日本型組織の典型的な姿なのかもしれないんですが。

島田 やはり池田氏の不在期間があまりにも長すぎた。これは創価学会にとっても予想外の事態でしょう。

池田氏がひとまず引退した後、現在の95歳まで生きるという想定をした人は、たぶん一人もいなかったと思います。だからポスト池田とか、いろいろ言われても、具体的にそういう話が動き出さず、きちんとした覚悟もないまま、組織全体でここまでズルズルきてしまった。そういう不幸が、今の創価学会を覆っているわけなんです。

池田氏は、その内実はともあれ、海外をいろいろ回って、いろいろな人と話をした人で、それと同じく国内も徹底して回ったわけですね。

『新・人間革命』が、いわばその記録の書でもあるんですが、大阪は258回、名古屋もそれに近い回数訪れていて、末端の会員なんかとも相当直接会って話をしているんですね。そういうところから、池田氏を熱烈に尊敬する会員たちが現れ、池田氏のカリスマ性が生まれ、創価学会に活力を与えてきた。

しかし、池田氏が実際に歩き回れなくなったら、創価学会を発展させる具体的な力もなくなってしまったということなんです。

小川　いまの原田稔会長は、組織官僚としては本当に優秀ですごい人だともっぱらの評判なんですが、事務的な手腕があるというだけで、決して宗教的なカリスマではないですからね。

島田　池田氏とはそのあり方がまるで違いますね。

小川　だから本当にポスト池田時代になったとき、創価学会は次のリーダーをどう定めるべきなのか。私は結構本気で考えるんですが、広く会員の間で選挙をするなどすればいいのではないかと思うんですが。

島田　創価学会というのは、その辺の人事のあり方が、奇しくもライバルの共産党と非常に似ているんですね。上に執行部というものがあって、その執行部の決めたことに対して、党員は逆らってはいけない。これが共産党の民主集中制です。

創価学会には総務会という部署があって、そこで会長とかそういう最高幹部を選ぶんですけれど、じゃあ誰が総務会のメンバーを選んでいるのかというと、会長などの最高幹部層にその権限がある。一見、合議制で民主的にも見えますが、実は民主主義ではない。まあ、創価学会に限らず、宗教団体は全体的にそういう感じですけどね。そうなると、組織の運営に、末端の会員はかかわっているという意識を持ちにくいですね。最近では、共産党のなかに、民主集中制に対して批判的な意見を述べる党員も現れていますが、創価学会ではそういうことはまだ起きていません。

「親鸞より人気が高かった日蓮」というポテンシャル

小川　これまでずっと、創価学会がいかにいま衰退しているのかという話をしてきたわけですが、日本最大の新宗教団体がこうなんですから、ほかの教団は新宗教だろうと伝統教団だろうと、もっと衰退しているわけです。

日本の宗教界は全体的に、いま力がない。ただ世界的に見ると、いま宗教勢力の力というものが増大している傾向にもあるわけです。いわゆるイスラム原理主義勢力の勢いが活発化して、アフガニスタンではタリバン政権が復活した。トルコのエルドアン政権も、イスラム教の価値観を前面に出した政治を行い続けています。

インドではヒンドゥー教至上主義と言われるモディ政権が、民衆の強い支持を受けている。アメリカは、特にもう共和党は福音派の支援がないと、まともに選挙ができないような状況です。

そしてロシアによるウクライナ侵攻も、それが主目的ではないものの、ロシア正教会とウクライナ正教会のイザコザという問題が、背後に確実に横たわっている。

私はこうした現在の国際状況を、肯定的に見ているわけではありません。ただ現実として、世界では宗教の力が無視できなくなっている。こういうなかで、やはり日本でも宗教というものをどうとらえて、国際社会の中でその価値観を発信していくのか、何かはっきりしたことを言える人たちはいたほうがいいと思います。

もちろん、日本にもいろいろな宗教団体があるわけですが、やはり創価学会というのはポテンシャル的な意味では大きなものを持っている教団だと思うんですよ。

島田 私はそのポテンシャルの源が、やはり日蓮にあると考えます。日蓮という人は戦前、特に元寇を予言した経歴などから「国難を救う宗教家」と位置づけられていて、とても人気が高かったんです。戦後は親鸞の人気が上がるんですが、戦前は日蓮のほうが人気が高かった。

例えば内村鑑三が書いた『代表的日本人』の中でも、日蓮は取り上げられていま す。また調べてみると、戦前にはたくさんの日蓮に関する映画がつくられている。どうもそれは残っていないようで、私も見たことはないのですが。

戦後も、大映が2つ日蓮の映画をつくっている。それは大映の永田雅一社長が日蓮信仰を持っていたからです。そういう人が、昔の日本人にはいろいろいたわけですよ。日蓮信仰というのは、日蓮がもとにあるので、政治を批判するそういう性格を持っていますが、一方で、庶民の間にも大きく広がった素朴な信仰という面もありました。

日蓮宗は近代以前は法華宗と呼ばれていた。そして日蓮宗と呼ばれる前の法華宗の特徴は、在家主義だったんですね。僧侶よりも在家が中心だった。実は今の日蓮宗でも、僧侶たちはほかの宗派の基準からみると、僧侶だとは言えない存在なのです。

というのも、戒律を授かるという機会が日蓮宗の場合、ないんです。戒がないということは、僧侶を僧侶として認める制度がないということです。だから日蓮宗とは民衆が中心になって、その間での法華経信仰の広がりというものであったんです。

そういう信仰運動の延長線上に創価学会も生まれているから、もともと在家主義の考えが非常に強いのです。

聖教新聞で葛飾北斎や本阿弥光悦を紹介!

島田　そのような創価学会ですが、最近、変化をし始めています。聖教新聞を見ていると、近世の法華宗の画家として、葛飾北斎を紹介していて驚きました。北斎は日蓮の絵を描いているんです。ほかにも本阿弥光悦も紹介していた。彼も法華宗だったので、そういう歴史上の人物を取り上げている。

ただ北斎も光悦も法華宗ですが、日蓮正宗ではありません。昔だったら絶対取り上げなかったと思います。だから創価学会も、そのウイングを従来よりも広げようとしているとは思うのです。

その原因のひとつは、やはり日蓮正宗と分かれて、排他的な要素が薄くなっていることだろうと思います。先に話題になったように、神社のお祭りに参加するようになったということも、そうです。ほかの宗教の人たちと融和する姿勢が、徐々にですが、出てきていると思う。だからこそ、「創価学会は地域のために頑張ってくれている」と認める人々も増えていたりするわけです。

しかも政界では自民党と組んでいて、自民党の支持者と公明党の支持者は、もうある意味で一体化しているわけですからね。だから今の創価学会は、一般社会と過度に対立する姿勢は、かなり薄くなっている。これをどういうふうに生かしていくか。そんな段階にきているのかもしれないですね。

小川　それで毒にも薬にもならない団体になって、ますますよくも悪くも過激さが減って、「地域でよくゴミを拾ってくれる人がいます」と感謝されるだけの団体になってしまうのか。それとも、何らかのブレイクスルーを果たせるか。問われているのはそこですよね。

2022年のNHK大河ドラマで『鎌倉殿の13人』という物語が放送されました。鎌倉幕府の2代執権、北条義時の人生を描いたドラマでした。クライマックスが承久の乱で、つまり鎌倉幕府と京都の後鳥羽上皇の戦争だった。

これで後鳥羽上皇は幕府軍に負けてしまうわけですが、当時の社会に与えた衝撃はすさまじかったんですよ。帝王たる後鳥羽上皇、治天の君が、田舎の武士などというものにやっつけられてしまった。これは当時の人々の価値観では、ちょっと信じられないことでした。

帝王とは天子様。天の徳が備わってるから天皇であり上皇なのに、関東から田舎の野蛮な人たちが刀を持って攻め込んできて、それにあっさり負けるなんていうことは、あってはならないことだったんですよ。

これは単に軍隊同士がぶつかって、「こっちが勝った、負けた」ということではないインパクトを社会にもたらした事件でした。本当に天が落っこちてくるかもしれない、世界が崩壊する、そこまで考えた人もいた。

創価大学で日蓮をきちんと研究せよ

小川　この承久の乱が起こった翌年に生まれたのが、日蓮でした。日蓮はそうした社会状況の中で、「後鳥羽上皇はなぜ鎌倉幕府に負けたのか」ということを考え続けます。これは日蓮だけでなく、当時の社会では割に取り組む人の多かった課題でした。

　それで日蓮が到達した結論は、「後鳥羽上皇は法華経を大切にしていなかったからだ」というものでした。『鎌倉殿の13人』にも出てきましたが、後鳥羽上皇は鎌倉幕府を倒すため、密教の僧侶たちに祈禱をやらせています。そういうことをしたから負けたんだ、というのが、日蓮の結論でした。

　今から見れば荒唐無稽な考え方かもしれませんが、当時としては一定の説得力はあったんですよ。そして、宗教者の役割というのはそういうものなんです。混乱した社会状況のなかにあって、人々にそれを読み解くカギを与えてくれる。

まあ、行きすぎたら原理主義、過激主義とかになってしまうんですが、そういう姿勢なくしてなかなか宗教というのもありえない。そこがちょっと、社会福祉事業家などと宗教家の決定的に違うところで。そんなことはまやかしだとか、科学的にはそうなのかもしれませんけど、それがなかったら、やっぱり宗教ではないんですよ。

そして創価学会は、その歩いてきた道を考えれば、やはり日蓮の中から今後のカギを取り出すしかない。まさかイエス・キリストから取り出すわけにはいかないでしょう。

近視眼的には団体としてのメリットはないでしょうけれども、長期的に見れば、やはりちゃんと教義、教学というものを考え直す、その営みは必須になるんじゃないかなとは思います。遠回りなようですけど、結局宗教団体なんですから。

島田 日蓮は、蒙古が攻めてくることを予言した。そして、国の中に正しい仏法が広まっていないから、そういう災難が起こるんだと、そういう話をしたわけです。それで本当に蒙古は攻めてきて、彼が言ってたことが的中する。

鎌倉幕府も、この日蓮の予言に関してはちゃんと認識してるわけですよ。ただ日蓮の主張があまりにも過激だから、捕まえて伊豆や佐渡に流すわけです。それで戻ってきたときに、幕府の役人が蒙古はまた攻めてきますかと聞いたら、日蓮は今年攻めてくると言って、それもまた当たるんです。

当時はたぶん、予言が当たったことがかえって恐ろしいというふうに思われたんでしょうね。日蓮は結局のところ、身延山に半ば幽閉されるような形になって、そこで病を得て、温泉に湯治に行こうとして、東京の池上で亡くなります。しかし、国が危機になったときの信仰のあり方というものを、日蓮は身をもって示した。だから戦前はそういうことで、ある種英雄視されたわけです。

国というもののあり方と、それが外国から侵略されてくることを結びつけて考えるのは、現代的にも十分に通用することですね。特に、近年では中国の脅威ということが言われているわけですから、かえって重要性を増していると言えます。そうであれば、日蓮の説いたことをもう一度掘り起こしていくことによって、今の、そして今後の日本を考える道筋が見えてくる可能性はあると思います。

ただ、創価大学の中には日蓮を研究する部署がない。一応、東洋哲学研究所という組織はあるんですけれど、学部段階では持っていないから、そこにはやはり限界がある。本来的には創価大学に、そういう学部などがあっても不思議ではなかった、という気はするんですが。

SGIを在日外国人のクッションにする

小川　そうした視座に立って、これからの日本社会に対するきちんとした提言をする宗教団体はあっていいし、私はむしろ今後、そういう存在は必要になると思いますよ。

それは別に伝統仏教だろうが神社だろうがキリスト教だろうが、どこでもいいんです。ただ、繰り返しになりますが、創価学会にはポテンシャルはある。規模的な意味でも、政界との実際のかかわりという意味でも。そういう責任みたいなものを果たせる存在になってくれればな、とは思うんですが。

島田　なにしろ創価学会は日本の宗教団体のなかでも、国際的な広がりを大きく持っているという特徴があるんですよね。

それで、これから日本はどういうふうな社会になっていくか。人口減少社会の中で、外国の人たちを国に迎え入れるという方向に行かざるをえないとすると——実はすでにそういう流れは始まっていたわけですが——では、その人たちの宗教を、いったいどう受け入れるのかという話になってきます。

世界的に見ても、外国に行った移民は母国にいたときよりも宗教心が強くなるという傾向があります。ヨーロッパが、まさにそういう状況に直面している。

イスラム圏からの移民がたくさん来ているんですが、その人たちの場合、自分たちが母国にいたときは、まあ適当なムスリムだったかもしれないんですね。年齢も比較的若いですから、あまり信仰について考えていない。日常の生活のなかに溶け込んでいて、格別意識することがないわけです。ところがヨーロッパに行くとキリスト教国だから、自分たちがそれとは異なる信仰を持つ人間であることを意識せざるを得なくなります。

もちろんキリスト教に改宗するという道はあるけれど、そうなってくると自分たちのアイデンティティーがなくなってしまう。仲間との関係も切れてしまう。それでイスラム教をさらに強く信じ始めて、故郷にいたときよりも強い信仰を持つという、そういう人たちがヨーロッパに増えている。

それで今、それぞれのヨーロッパの国々にはおおむね、人口の5～10％くらいムスリムがいるんですね。これは相当な数です。一方でキリスト教は衰退してるから、教会がなくなったりして、それがモスクに転売、転用されるとか、そういうことが当たり前に起こっています。

日本でもそういうことが起こったらどうするのか。そのときに創価学会のＳＧＩ方式というのは非常にうまく機能する可能性があると思うんです。ひとつのクッションとして。

それぞれの国の人たちが持っている信仰はそのままで、なおかつＳＧＩに入ることによって、日本社会の中での関係性を広げていく。そういうやり方を取るとなると、日本の中で創価学会がいい意味で活性化していく可能性もある。もちろんそれが創価学会でなくともよいのですが、そういう受け皿的な活動は絶対に必要で、これはなかなか公的機関にはできないわけですよ。

小川　確かに、そういう移民の宗教感情を日本国内で中和、ソフィスティケートする団体としての創価学会というのには可能性があると思います。現実的に規模、人員、財力、ネットワークの話なども含めて考えれば、ほかの教団よりも高いポテンシャルがあると思いますね。

宗教団体は法的措置で簡単に抑え込めない

小川　ただその一方で、日本にもそういうボーダーレス化が訪れるなかで、ある種の強烈な排外主義が創価学会から生まれてくる恐れのようなものもあると思うんですよ。

例えばイスラム系移民が増えたヨーロッパには、反イスラム教政党みたいなものが生まれている国もあって、それが国会に議席を持っていたりする例もある。また先ほども言ったように、いまのインドの政権与党はヒンドゥー教原理主義勢力とも言われるインド人民党で、国内でムスリムが非常に圧迫されているという話もある。

世界のグローバル化、ボーダーレス化とは、そういう排外勢力を生む契機にもなってしまうわけです。そして本当にポスト池田の時代になって、何のまとまりもなくなった創価学会のなかから「イスラム教から日本を守れ」みたいな意見が飛び出して、誰も統制できないまま広がっていくとか、そんなことになる可能性も、まったく否定はできないと思う。

まあ、そういうおかしなことになってしまったら、それこそ行政として解散命令とか、究極的にはそういう話になるのかもしれないんですが、ここが宗教の面白くて恐ろしいところで、そんな法的措置で簡単に抑え込めるようなものでもないんですよね。

例えば先ほども話をしましたが、大本という宗教団体があって、戦前にものすごく流行っていました。知識人や軍人で入る人などもいて、国がその存在を問題視して、弾圧を始めるわけです。

ところが、この大本にいた谷口雅春と岡田茂吉という人が、「それでは自分の教団をつくろう」となって、それで各々、生長の家と世界救世教という教団をつくるんですね。生長の家はご存知のように、日本会議の源流になっていく団体です。

一方、世界救世教というのは、いわゆる手かざし系新宗教の元祖的存在で、崇教真光など、どんどん分派ができて、そうした諸勢力を総合すると創価学会に勝るとも劣らないくらいの信者がいるとも言われている。

だから、宗教というのはつぶしてしまったらもうそれで終わりという話でもないんですよ。なかなか一筋縄ではいかない。

島田　教団というものと宗教というものは完全には重ならないわけで、教団はつぶされたとしても、そこにあったいろんな要素は違った形をとって残る場合があるんですね。生長の家は、今ではそんなに注目されていないけれど、やはり戦前から戦後にかけては相当力を持っていた。特に戦後は明治憲法の復元ということを言って、これは今の憲法改正の流れをつくるうえにおいて決定的に重要な役割を果たしているわけです。

そこには、戦後冷戦構造が深まって、左翼の共産主義のイデオロギーに保守勢力も対抗しなければならないという事態が生まれたことが関係しています。そのイデオロギーを提供したのが生長の家で、谷口が戦争中に軍国主義を鼓舞することを言っていたので、公職追放になり、組織を動かすことができなくなっていたが、彼に発言の機会を与えることになった。だから宗教の影響力というものは、突然急に高まっていくということがあります。創価学会にしても、今は衰退しているということばかり言われますが、これからどうなっていくのか、あるいは社会が創価学会をどう変えていくのか、そういう意味でも注目していく価値はあると思いますよ。

日本文化の発信役としての宗教

小川　これは「もしも」の話ですが、もし大本が戦前に弾圧もされていなかったら、谷口雅春は大本のサラリーマン的職員で終わっていたのかもしれない。そうすると、高い確率で日本会議とかそういう団体は、少なくとも今のような形では生まれないわけです。

　こういうのを面白いといっていいのかどうかわかりませんけど、本当に宗教の勢いというのは、どこから出てくるかわからない。

島田　特に法華教信仰というものそれ自体は、もう聖徳太子の時代からずっとあるわけですから。非常に深く、根強い、そういうものですからね。

小川　例えば宗教には、弾圧されたら逆に強くなるということもあるんですよ。実際に日蓮はあるとき、「自分は本当に法華経を信じて、正しいことばっかりやって、だからこそそれで島流しにされたり、殺されそうになった。何度もそういう経験をしているけれども、結局まだ死んでない。これは恥ずかしいことだ」と、そんなことを言ってるんですね。

これはもちろんある種、宗教家としての演出的な言い方だったりしますし、また後世の人が飾って言い伝えたようなところもあるとは思うんですけど。まあ、そういう宗教家だったんですよ。

島田　以前に浅草寺に行ったら、イスラム教徒の人たちがたくさんいて、観光をしていました。「宗教的に大丈夫なんですか」と聞いたら、何も問題ないと。もちろん、その人たちが寛容な宗教感覚を持っていただけかもしれませんが、まあ浅草寺自身、どなたでもウェウカムの観光地としての雰囲気で運営されているわけで、あまり仏教、仏教と叫ぶ場所ではないですよね。

同じように、東京の代々木上原に「東京ジャーミイ」というイスラム教のモスクがありますけれど、あれはトルコの人たちが造った施設で、１階はトルコ文化センターになっているんですね。だからやはり、宗教施設を拠点に文化情報を発信していこうとする戦略は、世界中に普遍的にあるわけです。

中国なんかは世界中に孔子学院というのをつくって中国語を教えている。まあ、諜報機関じゃないのかという説もあるけれど、逆に考えればそう疑われるくらいの力を入れているわけですよね。それもまた、今のグローバル化の中で各国が必要としている戦略なんでしょう。

同じように、日本文化の発信者としての担い手になっていくという役割も、宗教団体にはあるんじゃないでしょうか。

池田大作氏は包み隠さない人物

小川　先ほど、今後の創価学会の会長は選挙で選んだらいいんじゃないか、民主集中制みたいな体制はよくないだろうといった話をしましたが、それと同じ意味で、創価学会の各施設は、もうちょっとオープンでもいいんじゃないかと思うんですよ。

これは創価学会に限らないんですが、日本の新宗教の施設はどうも、部外者立ち入り禁止みたいなところが多すぎる。私はいくらか取材で入れてもらったこともありますが、別にどこも特に隠すようなものはありませんよ。もっと普通の寺や神社みたいに、近所の人たちの憩いの場所みたいな感じで開放してもいいと思う。

創価学会について言えば、信濃町の本部施設周辺だと、興味本位で足を踏み入れた人が教団職員に威圧的に尾行されたとか、そんな話まで聞きます。何だか無意味に外部に対して警戒感を持っていて、あれは何だろうと思う時がありますね。

島田　例えば大石寺なんて、悪くいえばもう無用の長物みたいになっているけれど、境内には自由には入ることができて、見て回れるんですよね。

小川　あと天理教も奈良県の天理市の本部に行ったら、外部の人でも奥まで入れるんですよ。ネットを見てみると、普通に観光に行った人が、天理教のなんたるかもよくわからないまま足を運んで、「心が洗われた」とか「面白い建物だ」とか書き込んでいる。

島田　なにしろ天理教では、教会本部を人類発祥の地と位置づけていますから、そこはどの信仰を持つ人にとっても故郷であるという側面を持っています。ですから、駅や商店街に「おかえりなさい」と記されています。そこから、教会本部は、誰に対しても、24時間開かれているわけですね。

小川　見ていて面白いですよね。本当にああやって人をある種、無防備に入れていることで、むしろネットなどを見てると、イメージが上がってるような感じさえする。そういうのを創価学会も、長期的には見習っていったほうがいいんじゃないかと思います。何だか今は、ちょっとツンツンしすぎてる気がしますよ。

島田　本当にそうですよね。やはり宗教施設のあり方は結構重要で、誰でもそこに関わることができるかどうかというところは、大きいと思いますよ。

小川　それは創価学会のメディア対応のあり方にも表れていて、別に完全取材拒否というわけではないんですが、必要最低限の回答しかしないみたいな傾向がある。

島田　池田大作氏本人は決して秘密主義でなくて、結構自分で取材に応じているんです。

小川　そうなんですよ。池田氏は結構、外部の一般の媒体に登場したり、自分の本も創価学会関連以外の出版社に出させたりとか、そういうことをしていた人です。もちろん、それは「懐柔のためだ」と言われたら、そうなのかもしれないんですけど、でも結構オープンな人だったんですよ。池田氏が表に出なくなってから、創価学会は何だか態度が頑なになっている。

島田　池田氏は自宅に記者を招いて、そこでの正月風景を週刊誌に取材させてもいます。児玉隆也というジャーナリストが、池田家の正月風景というふうな記事にしている。何か飾りものとかが置いてあるんだけれど、「これは創価学会から借りている」とか、そんなことをあけすけに言っています。

それから内藤国夫という、創価学会を批判し続けた元毎日新聞のジャーナリストがいましたけれど、池田氏はそういう人のインタビューも受けていて、何と取材現場に1人で来たんです。腹が据わっています。そういう人だったんですね。

池田氏は自分自身に対して自信もあるし、なんでも包み隠さずにやるという、そういう方針だった。それが組織として池田氏を過度に祀り上げて、それで池田氏自身が表に出なくなると、組織全体で一気に秘密主義化してしまった。そこは池田氏を「先生」と呼ぶんだったら、ちゃんと見習うべきですよね。

小川　本当に、開かれた創価学会になるべきだと思いますよ。特にメディア、ジャーナリストというのは、隠すから暴いてやろうと思う習性があるので。

島田　そう。それが自分たちを守ることにもつながるわけです。戦後の日本の皇室は、開かれた皇室という形で来て、それによって国民の支持を得た。やはり開いていくというのは、すごく大切なことだと思いますね。

それから、創価学会は、日蓮正宗と訣別したわけですが、その訣別の仕方が徹底さを欠いていたように思います。

日蓮正宗は日蓮宗のなかでも特殊な宗派で、日興上人からはじまる富士門流に属しているわけですが、すでに話に出たように、偽書と考えられる日蓮の遺文を数多く伝えています。つまり、日蓮正宗は日蓮の信仰を歪めたとも言えるわけです。

確かに、創価学会にとって、日蓮正宗の存在は意味がありました。一つは、日蓮正宗があるがゆえに、葬式をはじめとする冠婚葬祭を、創価学会の会員は他の宗教や他の宗派に依存する必要がなく、自前でできたわけです。もう一つは、仏教の教えとは何かを、そうした知識のなかった会員に伝える役割を果たしました。それによって会員は、自分たちこそが正しい仏法を学んでいるんだというプライドを持つことが出来ました。

しかし、創価学会が拡大し、会員も自信を持ってきました。冠婚葬祭についても、葬式は友人葬となり、自前で何でもできるようになりました。もはや、日蓮正宗は不要である、そういう状態になっています。

となると、日蓮正宗から離れ、さらには日蓮正宗の教えからも離れていく段階に来ているのではないでしょうか。

日蓮には「方便」という考え方があります。創価学会の会員の人たちは毎日の勤行で、法華経の方便品を唱えているわけですが、方便の考え方は、中国で天台宗を開いた智顗に遡ります。

智顗は、五時八教の教相判釈を行い、釈迦は、法華経の段階になってはじめて真実の教えを説くようになったとしました。それまでの教え、それは法華経以外の大乗仏典に記されているものですが、それはあくまで法華経に人々を導くための方便であるとしたわけです。

その考え方をもとに、日蓮正宗は創価学会にとって方便であった、日蓮正宗の教えも正しい仏法に導くための方便であったととらえ、日蓮の教えそのものに戻ることを考えてはどうでしょうか。そのためには、日蓮の遺文をもう一度検討し、偽書と思われる教えについては、それを捨てていく必要があります。

日蓮は、とても知的な宗教家で、日本では珍しく理論を組み立てることができる宗教家でした。しかも、二度の流罪の経験があり、特に佐渡流罪での思索では、仏法を相当に深いところまで極めていきました。その日蓮に還り、創価学会の教えを新たに組み立て直していくべきではないでしょうか。

さらに言えば、池田大作氏は、海外の知識人と対談する際には、日蓮仏法のことを話題にするのではなく、広い意味での仏教の教えに立って、議論を展開してきたわけで、それも。世界に出ていくためには、狭い枠ではだめだと判断したからでしょう。

つまりそこには、日蓮の教えさえも方便としてとらえる可能性が示されています。方便という考え方は、とかく過去のことをごまかす手立てとして批判されることもありますが、ここはそれを積極的なものとして再評価する必要があります。

人間も社会も世界も、絶えず古いものがなくなり、新しいものが生まれ更新をくり返しているわけですから、絶えず古いものを捨て、新しいものを取り入れていかなければなりません。

古いものは、現在を形作るための方便であり、次の段階ではそれを捨て去っていかなければなりません。過去を方便ととらえることで、絶えず革新し、革命していく必要があるわけです。それこそが、創価学会において説かれた「人間革命」ということではないでしょうか。

宗教の一つの問題点は、聖典や開祖などが絶対視され、それに従っていかなければならないとされることで、教えや行動が硬直化してしまうところにあります。

方便の考え方をとることは、そうした硬直化を防ぐことに結びついていきます。初代会長の牧口は法罰論を説き、二代会長の戸田は生命論を説きましたが、それも、あくまで方便であり、信仰を蔑ろにすると罰が当たるといった考え方は、現代にはそぐわないものです。この点でも、法罰論を方便の教えととらえ、新たな方向に脱皮していく必要があります。

創価学会が日蓮の教えに立ち戻り、さらには、仏教の原点に立ち帰っていくならば、新しい宗教運動として再生される可能性が出て来るのではないでしょうか。

今日本の社会で求められているのも、私たちの人生を支えてくれる新しい宗教であり、倫理道徳でしょう。生き方に迷う日本人に新たな方向性を示す。そのためには、創価学会自体が革命的な転換を遂げる必要があるのではないでしょうか。

おわりに

戦争ほど、残酷なものはない。
戦争ほど、悲惨なものはない。
だが、その戦争はまだ、つづいていた。
愚かな指導者たちに、ひきいられた国民もまた、まことにあわれである。

右の文章は、創価学会名誉会長・池田大作氏の代表的著作である『人間革命』の、冒頭部分である。『人間革命』は太平洋戦争末期からスタートする物語で、そこで言われる「戦争」も、もちろん太平洋戦争のことを指す。
『人間革命』とはすなわち池田氏の自伝的小説で、創価学会内では「信心の教科書」「精神の正史」などと呼ばれ、重んじられている書物である。その冒頭にあるのがこのような文章で、これを暗記していて、いつでもそらんじられるという創価学会員も珍しくない。

立正佼成会や真如苑、生長の家など、今の日本にある主だった新宗教団体の多くは、１９３０年代に設立された。創価学会も一応、１９３０年代に立ち上げられているのだが、戦前は教育者たちを中心にした小さな団体で、現在の創価学会とは規模も内実もかなり異なっていた。

いまにつながるような形の創価学会が実質的にできあがったのは終戦後のことで、それは初代会長・牧口常三郎を国家の弾圧によって失い、まったくゼロからの再建を余儀なくされた、苦難の出発であった。「戦争ほど、残酷なものはない」という語は、創価学会がそうした苦しみの中から立ち上がった際の、真実の心の叫びであったろう。

創価学会は長年にわたり、平和主義を標榜して活動してきた団体である。実際に池田氏には、「憲法第９条だけは絶対に変えてはいけない」といった発言もある。公明党も、これまでの主張を振り返ってみれば、確実に中道左派といったところにカテゴライズされる政党だ。いわゆる保守、タカ派の色彩は、本来創価学会には薄い。

しかし同時に創価学会には、一般の左派勢力に自明のこととして存在するマルクス主義の色はない。そして多くのマルクス主義系団体がそうであるような、インテリがリードする組織という体裁も取らなかった。実際に池田氏が創価学会について盛んに言った表現とは、「民衆の城」「民衆こそ王者」といったもの。そして池田氏自身、学歴エリートでもなければ富裕層の出身でもなかった。

こうした背景をながめてみたとき感じ取れるのは、「創価学会の平和主義」の背後には、よくも悪くも理論が存在しないということである。

太平洋戦争が終わったとき、目の前に広がる焼け跡を見て、「もう戦争はこりごりだ」と思ったのは、ほとんどすべての日本人に共通した経験だった。そこで明治維新やGHQの改革がブルジョア革命の定義に当てはまるのかといった論争を始める左派勢力に対し、創価学会は「戦争ほど、残酷なものはない」という単純な、言ってみれば感情へ素朴に訴えるフレーズを民衆の前にスッと差し出し、そして巨大な民衆の城を築くに至る。

この創価学会の理論のなさは、平和主義以外の面にも当てはまる。そもそも創価学会は日蓮正宗という仏教宗派の下部組織として出発した団体なのだが、初代の牧口はともかく、戦後の創価学会がどこまでその教学理論を研鑽し、自家薬籠中の物としていたのかは疑わしい。そしてまた、日蓮正宗と訣別した今となっても、日蓮正宗以外の日蓮系教団がおおむね偽書とする経典類を創価学会はありがたがり続けており、仏教教団としての軸がどこにあるのか、すくなくとも私にはわかりかねる。

肝心の平和主義にしてもそうだ。確かに戦後のある時期まで、太平洋戦争の惨禍を記憶に残す日本の民衆のなかには広く戦争アレルギーのようなものがあり、憲法9条擁護、そこから発展した非武装中立主義を信じる心情が広く存在した。

しかし時代が流れ、中華人民共和国の覇権主義、またロシアのウクライナ侵攻の状況などを見て、空想的な平和主義をあらため、防衛力の強化、各種安全保障政策の見直しといった現実路線を支持する世論の声が、日本でも高まっている。

そもそも「民衆」の定義も変わってきた。創価学会が急速に発展した高度成長期、日本人の大学進学率は10〜20％くらいだったが、2022年度は56・6％という数字である。農業や漁業などの第1次産業に従事する人々も、いまでは各種の気象データなどをコンピューターで収集、分析し、高度な農業機械などを操る一種のエンジニア的な階層に変わりつつあり、例えば昔話に出てくるような「素朴な農村」など、今や日本からはほとんど姿を消しつつある。

こういう感じで時代に取り残されていく姿というのは、伝統宗教の世界でも変わらない。例えばいま、日本には仏教寺院と神社が、大雑把に言ってそれぞれ8万あると言われている。対して日本に存在するコンビニエンスストアの数は約6万で、たまに「神社仏閣のネットワークは、コンビニよりすごい」などと誇る宗教界の関係者がいるのだが、これは勘違いもいいところだ。

コンビニは営利企業の展開する営業拠点であり、例えば都心の駅周辺にはいくつもの店が密集するが、過疎の山間部などには、そもそも1軒もない。しかし、神社仏閣はどのような山奥や海辺にも、少しでも人の生活の痕跡があるところには存在してきた。それどころか、無人島や高山の頂上にすら建っている。

しかし、こうした地方に存在する神社仏閣の基盤が、近年の都市一極集中、過疎化、少子高齢化によって、急速に揺らぎつつある。神社仏閣はよくも悪くも営利企業が運営するものではないので、「もうからないので潰して撤退します」というわけにもいかない。いわば、こうした地方での壊死状態が、伝統宗教全体の活力を必然的に奪っている状況がある。

創価学会を含む新宗教の世界も、主婦という存在の激減、日本人の働き方の多様化といった時代の変化が、これまで通りの教団の活動のあり方を難しくしている。それを本書ではいろいろと述べてきたつもりだが、今の日本の宗教界全体が直面している最大の難問とは、こうした「時代の変化」なのである。たまに「日本人の信仰心が弱くなった結果」などといった分析をする識者がいるが、私はそういう部分は本質ではないと考えている。

宗教団体には、絶対の教義にしがみつき、それを強く護持していく、変化を嫌う集団とのイメージもあるが、それは正しくない。例えば釈迦の生きた時代に大乗仏教は存在しなかったし、イエス・キリストの生きた時代には、ローマ教皇もプロテスタントもなかった。宗教とは、実は意外に時代に合わせてその姿を柔軟に変えることのできる存在なのだ。そしていま恐らく、創価学会を含む日本の多くの宗教団体は、その変化を迫られている。

しかし創価学会の場合で難しいのは、この教団には行動原理となるような理論が実は見当たらず、絶対のカリスマである池田大作名誉会長が、カリスマのまま公の場に姿を見せなくなり、その動静も詳しくはわからなくなっていることなのだ。これでは変えるにしても、いったいどこをどのようにいじれば変わるのか、これは内部にいる執行部とされるような人々こそが、一番頭を悩ましていることなのではないかと思う。

戦後の日本において、創価学会ほど成功し、巨大化した宗教団体はない。現実にそれを支持母体とする公明党という政党も存在し、いまや政権与党の一角だ。そういう意味で、好むと好まざるとにかかわらず、創価学会は日本社会のあり方に大きな影響力を持っている。外部から、さまざまな形での視線が向けられるのは当然だ。

また宗教法人とは日本の法律上、「公益法人等」と規定される団体で、つまり公の利益のために活動する団体であるから、各種の税負担を免除されているというロジックなのだ。だからこそ、創価学会が「外部の人間はわれわれの内情に口を出すな」などと反発するのも、実は理屈が通らない。そして池田大作氏という人物は、意外に外部の人間と向き合うこともしていた。

しかし、その池田氏は前述の通り、今どこで何をしているのかもわからない。同時に創価学会の、ある種の攻撃性、積極性は薄れていっており、いまでは暴力的な布教活動なども、ほとんど行われてはいない。しかしそれは並行して、創価学会がどんどん内向きな組織に変わっていることをも意味している。

そしてここは断言しておきたいが、このような流れが進めば、恐らく創価学会は時代に対応した変化ができず、よって組織としての未来もない。

創価学会は変われるのか、変われないのか。そして変わるとすればどこをどう変えるべきなのか。本書ではそれについての思うところを、私なりに述べてみた。創価学会はよくも悪くも、日本で最も存在感のある宗教団体であり、ここが今の時代にどう対応して変わっていくのかは、恐らくほかの宗教団体にも、また日本社会全体にも、さまざまな影響を与えるはずだ。

そういうことを考える場を与えてくれたビジネス社の中澤直樹氏、また胸を貸していただいた島田裕巳先生に感謝する。

2023年2月

小川寛大

〔著者略歴〕

島田裕巳(しまだ・ひろみ)

1953年東京都生まれ。宗教学者、作家。76年東京大学文学部宗教学科卒業。同大学大学院人文科学研究科修士課程修了。84年同博士課程修了(宗教学専攻)。放送教育開発センター助教授、日本女子大学教授、東京大学先端科学技術研究センター特任研究員を経て、東京女子大学非常勤講師。著書に『性と宗教』(講談社現代新書)、『教養としての世界宗教史』(宝島社新書)、『創価学会』(新潮新書)、『浄土真宗はなぜ日本でいちばん多いのか』『葬式は、要らない』(以上、幻冬舎新書)、『戦後日本の宗教史』(筑摩選書)、『新宗教　驚異の集金力』(ビジネス社)などがある。

小川寛大(おがわ・かんだい)

1979年熊本県生まれ。早稲田大学政治経済学部卒業。宗教業界紙『中外日報』記者を経て、2014年に宗教専門誌『宗教問題』編集委員、15年に同誌編集長に就任。著書に『神社本庁とは何か』(K&Kプレス)、『南北戦争』(中央公論新社)などがある。

創価学会は復活する!?

2023年 4月 1日　第1版発行

著　者　島田裕巳　小川寛大

発行人　唐津 隆

発行所　株式会社ビジネス社

〒162-0805　東京都新宿区矢来町114番地　神楽坂高橋ビル5階
電 話　03(5227)1602(代表)
FAX　03(5227)1603
https://www.business-sha.co.jp

印刷・製本　株式会社光邦
カバーデザイン　齋藤 稔(株式会社ジーラム)
本文組版　有限会社メディアネット
営業担当　山口健志
編集担当　中澤直樹

ISBN978-4-8284-2503-0